THE FIRST PEOPLE

人類は宇宙からきて、

最初の人びと

そして還《かえ》れなくなった

保江邦夫 著

マンガ・山下信乃／シナリオ原案・保江邦夫

我々、銀河連合軍は銀河系の片隅に天体を発見
これを「太陽系」と名づける
この太陽系はアンドロメダ星雲へ移動する際の経由地として最適であると見られている
シリウス宇宙艦隊司令官よ
太陽系の調査を命ずる！
はい
―この任務には３０００人の調査隊を派遣しようと思っている

アーキー副官は科学者を１０００人、
ヤーハ副官は調査員を２０００人招集してくれ
はい！
こうして３０００人の調査隊が太陽系に派遣された
しかし数ヶ月後…彼らからの連絡が突如途絶えてしまう
なぜだろう…もともと「地球」という惑星に入ってから
テレパシーが途切れてしまうことが多くなったが…
音信不通というのはあきらかにおかしいです！
司令官！私たちに追跡調査をお命じください！
そう…だな…
任せたぞ2人とも！

―だが…
それから
ほどなくして
私自身も
地球へ向かう
こととなった
信頼する
2人の副官たちからも
調査隊と同様に
消息が途絶えてしまったのだ…
地球…
やはりこの惑星で
何かあったとしか
思えない
先に出発した
調査隊からの
地球についての報告を
聞いたときから
妙な胸騒ぎはしていたが…
数ヶ月前―
司令官!
我々は
太陽系第三惑星
地球に到着し
基地の建設を
開始しております
この地球について
現段階で
わかっていることを
報告します
まず
生命体の存在を
確認しました

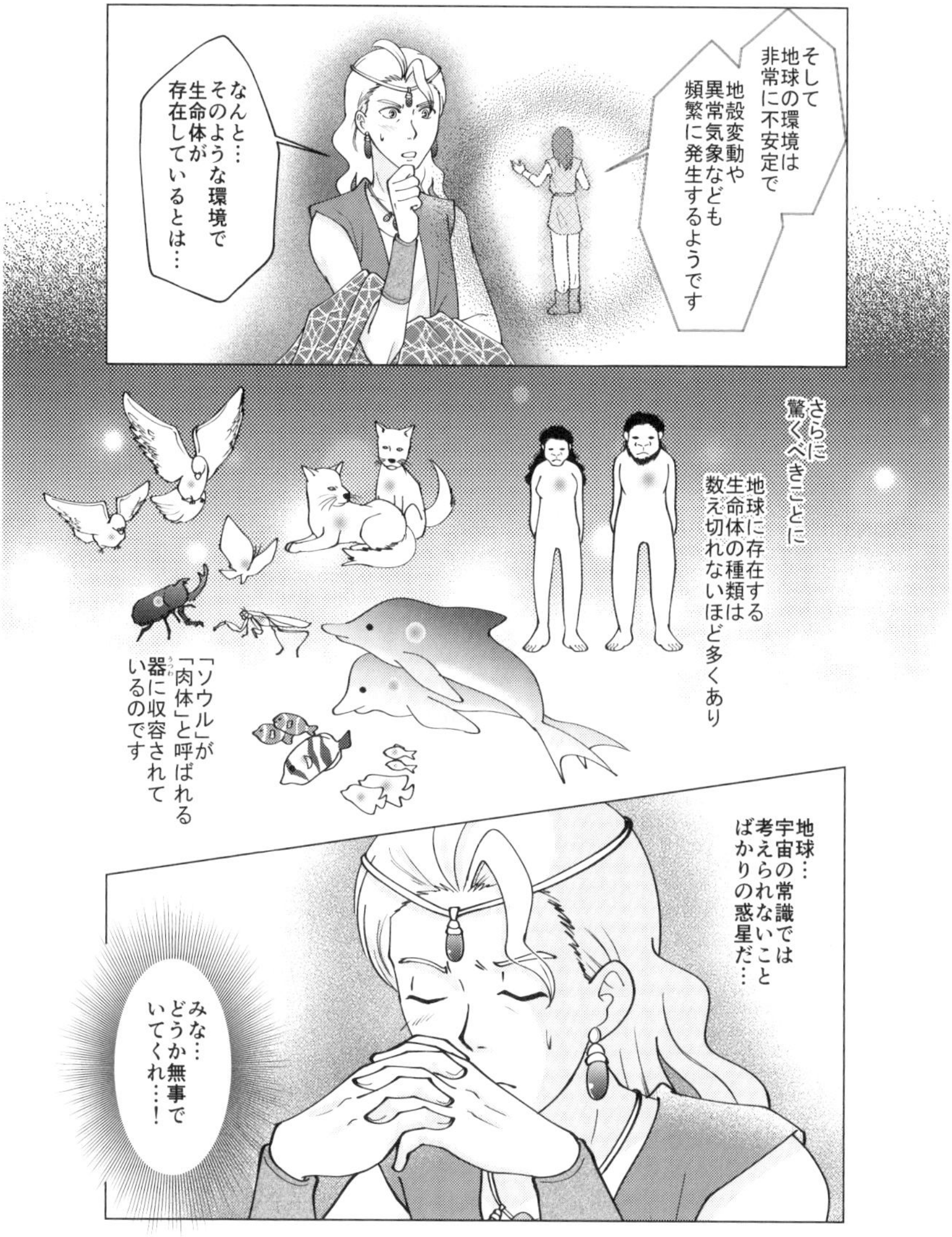

そして
地球の環境は
非常に不安定で
地殻変動や
異常気象なども
頻繁に発生するようです
なんと…
そのような環境で
生命体が
存在しているとは…
さらに
驚くべきことに
地球に存在する
生命体の種類は
数え切れないほど多くあり
「ソウル」が
「肉体」と呼ばれる
器《うつわ》に収容されて
いるのです
地球…
宇宙の常識では
考えられないこと
ばかりの惑星だ…
みな…
どうか無事で
いてくれ…!

―地球
調査隊から聞いてはいたものの…
実際に見ると実に異様な光景だ
なぜ地球の生命体はソウルが器に収められているのだ？
私たちのようにソウルだけでは生きられないということなのだろうか…？

シリウス調査隊の基地は
こちらの方角だったな…
…ん？
あの生命体は…？
なぜだろう
私たちに
近いエネルギーを
感じる…
原始的なこの地に
なぜこのような
生命体が…？
―いや
今は調査隊のところへ
向かうことが先だ

ヒュオオオオ……
そ…
そんな…
ここにあったはずの
シリウス調査隊の
基地が跡形もない…
みな…
どこへ行って
しまったのだ…
私の
テレパシーに
応えてくれ!!

あ…れは…
ハッ
!……
あのソウルはアーキー副官のものだ!
なぜ君のソウルが器の中に…?
その後も私は単独調査を続け…
ま…待ってくれ!

調査員たちのソウルを各所で見つけることができた
私だ！司令官だ応えてくれ！
しかしそのソウルはなぜか地球の生命体の器に入れられていて
私の呼びかけに何の反応も示さない
とんでもない事態だ…
いったいなぜこんなことに…？
―しかし調査をしてわかったこともあった
それは器についてだ

調査員たちのソウルが
入れられた器は
4種の生命体に
限られているのだ
特に到着したときに見かけた
「私たちに近い」と感じた
あの生命体の器は
まだ作られてから日が浅いように感じる
おそらく
シリウス調査隊が
到着した後に…？
まるで
「シリウス人のソウルを
入れるため」
に作られたようにも
思えてしまう
…官！……
シリウス司令官！
…!!

シリ…ウス
宇宙艦…隊…本部だ！
さき…ほ…ど
先発調…査隊…の
テレパ…シーを確認した！
なんと！
まだ無事でいる者が!?
いや
失踪す…る直…前の
もの…である
その調査員の
情報によると
地球にはバリアが
張られており
テレパシーが
伝わりにくい環境に
なっているということ
そのため
このテレパシーも
今になって遅れて
受信できたそうなのだ
しかし
もっと驚くべきは
その後の情報であった――
地球が…
流刑地《るけいち》!?

―そう
銀河系以外の
ダークな銀河で
政治犯として
捕らえられたソウルが
記憶を消され
地球にいるさまざまな肉体…
つまり器に収容される
この地球は
宇宙の
流刑地だったのだ
政治…犯たち…は…
火星に…ある施…設で
記憶を消…され
そ……~
…~へ……
……
ジジッ
ジジジジジ
ブツッ
本部!
本部!?
テレパシーが
途切れてしまった…
次の交信は
いつになって
しまうのだろう…
しかしなぜ
副官や
シリウスの調査員たちが?
彼らは
政治犯でもなければ
罪人でもないではないか

君は…
副官のソウルを持った
生命体…
私に何か
伝えたいのか…？
ふ
―これは…！
アーキー副官の意識…？
私の中に
流れ込んでくる…！

ニビル…
ニビル…人…
故郷のニビル星が崩壊し…
火星の地下に…移住した者たち…
ニビル人もまた…政治犯のソウルを地球に送っていた…
そして我々シリウス人が地球に基地を作っていると知り…
攻撃を仕掛けてきた…
基地の設備が整っていなかった調査員たちはなすすべもなく捕らえられ…
火星で記憶を消され…
ソウルを地球の器に入れられてしまった…

私もこの事実を調査中にニビル人に捕らえられ…
まもなく記憶を消されてしまう
私の記憶が完全に消えてしまう前に…
誰か…誰かこの記憶を受け取って…！
—そうか…
そうだったのか…
ニビル人…
話し合いすらせずに何の罪もない私の部下たちにこのような仕打ちを…
絶対に許さない!!

私の大切な
部下たちよ…
必ず救い出すから
待っていてくれ！
―今思えば
なんと無謀な
行動だったろうか
しかし
頭に血が上った私は
部下を救うため
単身 火星へ…
ニビル人の基地に
乗り込んだ

結局
救出は失敗に
終わり…
私自身も
捕らえられ
記憶を奪われ
ソウルを"人間"と呼ばれる
地球の器に
収容されてしまった—
私と
2人の副官
3000人の調査員たちは
そのまま地球で
何度も何度も
転生をくり返すうちに
母星である
アンドロメダ星雲や
シリウスのことを
忘れたまま
次第に自身を「地球人」と
認識するようになり
地球の「物質文明」に
適応していったのだ—

そして
現代
僕の大切な仲間たち…
シリウスへ還《かえ》ろう―

はじめに　地球に捕らわれた魂たちが還る唯一の方法

この地球には、心地よく生きられている人と、そうでない人が混在しています。そうでない人は、学校や社会になじめず、人によってはとても苦しい思いをして過ごしていることでしょう。

たとえば、

日々、一生懸命生きているつもりでも、なぜか焦燥感をぬぐえない。
誰かと一緒にいても孤独を感じる。
子どもの頃から「こだわりが強い子」と言われてきた。
何をしていても自分らしくいられない。
繊細過ぎて、いつも疲れてしまう。
他の人たちのように、〝当たり前〟と思われることすらできない。

こういう人たちには、ときにうつ病や発達障害といった、専門家による医学的な診断がくだることもあります。もちろん、そうした状況を治療やさまざまなサポートを受けて乗り越えていくことは、とても大事なことだと思います。

ですがそれと同時に、ちょっと知っていてほしいことがひとつあります。

それは、そもそもそうした生きづらさは当然なのかもしれない、ということです。

なぜなら、**あなたが持ち合わせている魂（ソウル）が、この地球由来のものではないかもしれないから**です。その場合、ただ生きるというだけでも、むずかしくなってしまうのは当然なのです。

では、本当はどこからきたのか――。

本書では、その真実と、愛のあるふるさとの星へ還《かえ》る唯一の方法をお伝えいたします。

昔、地球にはシリウスの人びとが調査のためにたくさん訪れました。ところが、その後、彼らは望まない形で地球に封印され、その魂は今もそのままであるという事実を僕は知りました。

そのときシリウスからきた3000人は、地球を流刑地《るけいち》として使っていた、近隣の銀河のよからぬ宇宙人に記憶を消され、シリウス人は今でも自分を〝地球人〟と思い込み、転生をくり返しています。

本書では彼らのことを、現代の地球人につながる**「最初の人びと」**と呼ぶことにします。

彼らは精神性がとても高く、そのほとんどの魂が「日本」において転生をくり返しています。

「最初の人びと」に起こった事実は、マンガという形でイントロダクションにおいてお伝えさせていただきました。

読んでいただくとわかるかもしれませんが、本書の「最初の人びと」とは、ダーウィンの進化論上で語られるものとは少し違います。

でも、僕はこれが真実だということがわかっています。

なぜそう断言できるのかといえば、それは僕自身がシリウスから「最初の人びと」を送り込んだ当事者だからです。

「最初の人びと」は魂レベルで愛あるふるさとへの帰還を願っています。それが、地

球の価値観では生きづらかった要因です。

本書では、帰還へのための唯一の方法をお伝えさせていただきます。

これまでも世界的に見て日本・日本人の霊性の高さは語られてきたと思います。それは、宇宙人由来の魂が多く、中でも高次元のアンドロメダ星雲やシリウスの魂たちが集まっているからなのです。

その特徴をお伝えすると、次のような内容になります。

・繊細で、この地球では生きづらさを感じている人
・とにかく、いい人
・子どもが喜ぶようなことに胸躍らせる人
・お金や権力に執着がない人

こうした人はもしかすると、夜空を見上げたとき、言いようのない懐かしさを感じたり、涙を流したりしたことがあるのではないでしょうか。

本書では、これまでの僕自身が断片的に持っていた記憶や体験に加えて、新たに得られた信頼できる方々からの貴重な証言や最新情報なども踏まえて、宇宙やこの地球の「最初の人びと」についての真実をお伝えしたいと思います。

もう思い悩む必要はありません。

アイデンティティを取り戻し、シリウスへ還りましょう。

最初の人びと　THE FIRST PEOPLE　もくじ

Part 2
シリウス由来の魂を救え！　宇宙からの伝言

Part 3

シリウスへ還る方法

Part 4

魂がシリウスとつながり、すべてが変わる

Part 1

この地球《ホシ》の「最初の人びと」

「最初の人びと」とは

今、地球は6度目の大量絶滅の危機にある、といわれています。多くの人類にとってそれは大変な問題かもしれませんが、宇宙から見ればこんなこと大した話ではありません。

地球規模の大変革はすでに5回くり返されています。そのたびに、地球は激しい自然環境を利用して自らリセットし、新時代を迎えてきました。これは他の星にはない地球の大きな特徴といえます。実は、宇宙にとっては、地球のこの特徴が非常に好都合だったのです。

この特徴を利用した近隣のよからぬ銀河により、**地球は宇宙の流刑地**として利用されていました。

送られてきていたのは主に政治犯です。ですが、当時の政治犯には、支配する側に歯向かう人びとや、勇敢に立ち向かう人びとも含まれています。そうした人たちが捕らえられたときには、地球に送るのが一番だったのです。

なぜなら、地球は宇宙から見るとあっという間にリセットされるからです。

そして、5回目のリセットを終えたあと、地球は近隣のよからぬ銀河からバリアのようなものを張られ、捕らえられた人びとはほぼ逃げることができない状況に置かれました。

そして、その中には、シリウスとアンドロメダ星雲の魂もたくさんあり、今も取り残されているのです。

その魂こそが、今の地球の「最初の人びと」です。

地球は物質優位な星なので、地球に閉じ込めておくためには肉体という「器」が必要でした。支配側の宇宙人たちはせっせと器を作り、そこに政治犯をどんどん入れていった、というわけです。

人類である「人」という器は、ニビル星人が遺伝子操作で類人猿の仲間として作ったものでした。

その器には主にニビル星の政治犯が入れられていたのですが、**シリウスの人びとがその「人」という器に入れられたとき、単なる類人猿としての人が知能だけでなく知**

性と心と（隠されたシリウス星人としての）霊性を持つ「人間」となったわけです。

今の人類から見て、彼らが「最初の人びと」といえます。

本書では、その「最初の人びと」についてくわしくお伝えしていきます。

シリウスという星

学校の天文学の授業で必ず習う、「冬の大三角」を覚えているでしょうか。

こいぬ座のプロキオン、オリオン座のベテルギウス、そしておおいぬ座のシリウスを結んでできる三角形が冬の大三角と呼ばれるものです。

中でもシリウスは距離が近く、明るい恒星（自ら輝く星）ですので、夜空を探すとすぐに見つかると思います。

肉眼では一点で輝いているのでひとつの星に見えるのですが、実際はシリウスA・シリウスBという2つの星で構成されています。

シリウスAは太陽の2倍の質量があり、光度も25倍ほどあります。一方、シリウスBはすでに星としての外層はなく、白色矮星（寿命を迎えた星が残していったもの。

これも星として扱う）です。

昔、望遠鏡を使って星の動きを精密に測定できるようになった時代、シリウスは他の星とは違って、独自の不思議な動きをしていることがわかりました。その不可解な動きの謎について、当時の天文学者たちが計算上で確かめようとしましたが判明しませんでした。

ところが、ドイツの天文学者のフリードリヒ・ヴィルヘルム・ベッセルが「もしかしたらシリウスをめぐる見えない別の天体が存在するのではないか」との未知伴星の仮説を唱えたのです。つまり、「重力は及ぼすが、見えない星が存在する」という説です。その仮説はそれから18年後に証明されることになります。

1862年、当時において世界最大の天体望遠鏡（新型屈折望遠鏡）が作られ、その観測テストによって、ベッセルが予言した「シリウスの見えない星」を見つけることができたのです。

まぶしいほど青白く光る巨大なシリウスの近くに、かすかに小さな黒い点（シミ）が見え、ベッセルの仮説どおり、シリウスは連星（双子星）であることが確認できた、というわけです。2つの星の大きさの差は1万倍にも及ぶこともわかりました。

ですが、確認はできたものの、それでも物理学者の間では、「本当にそんな星が存在するのか?」という大論争が巻き起こりました。

実は、この謎に迫るヒントを残したのが、アルバート・アインシュタイン博士です。アインシュタインは「シリウスBのように小さくて重い星はまわりの時空を強くゆがめる。すると星から出る光の波長は伸びて赤くなるだろう」と述べました。そののち、2・5メートル反射望遠鏡が完成したことによって、アインシュタインが予測したとおりの確認が取れました。

それはシリウスBが非常に重力の強い天体であることを示していて、さらにシリウスBはX線を放射している白色矮星と呼ばれる特殊な星であることがわかったのです。

このように、かつてはひとつの恒星だと思われていたシリウスは、物理学や天文学の発展によってその謎が少しずつ解明されてきたわけです。

そして、**僕はかつて、このシリウスを中心にし、銀河系(天の川銀河)を守ってい**

た、「シリウス宇宙艦隊司令官（以下、文脈によって司令官）」でした。

シリウス宇宙艦隊司令官として

これまで僕の本を読んでくださったり、講演を聞いてくださったりしている方は、僕が司令官だったという話を、どこかで見聞きされていらっしゃるかもしれません。

それを知った人の中には、「それってよくいわれる前世占いとかの話でしょう」と思われている人もいらっしゃるかもしれません。

そう思われるのもよくわかります。

なぜなら僕自身も、巷で話題になっている霊能力者やチャネラーなどから「あなたは司令官でした」などと言われたのであれば、信用しなかったろうと思います。

というのも、今のスピリチュアル業界は玉石混交で、本当は霊能などないか、あっても大したものではないことなどざらにあるからです。はっきり申し上げると、本物ではない偽物もたくさんいるのです。

しかし、それが**本物の霊能**をお持ちの方の場合なら話は違ってきます。

かつて僕が司令官だったと教えてくださったのは、白川家によって代々伝えられてきた**伯家神道**《はっけしんとう》の**祝之神事**《はふりのしんじ》を継承された、京都にある古い神社の先代の巫女様です。先代の巫女様はすでに亡くなられていらっしゃいますが、巫女様とのご縁は僕の人生において本当に重要なものでした。

伯家神道の祝之神事とは、皇太子が即位する際、現人神《あらひとがみ》**となるために受けられる儀式のこと**で、明治天皇以降この秘儀は途絶えてしまったとみなされていました。

ですが実は、何らかの事情でこの秘儀が皇室の中で伝えられなくなった際は、時代精神が求める人物によって継承されることになっていました。秘儀は陰できちんと継承され、巫女様が執《と》り行っていらっしゃったのです。

僕と伯家神道の出会いについては後ほどまたお話しするとして、ここからは僕が司令官だったことに気づかれた巫女様のお話と、僕が地球に「最初の人びと」を送ったという事実についてお話しします。

異星由来の魂と判明

巫女様によると、ご神事を執り行っている間には、ご神事に同席する人たちにいろいろな霊的な反応が起きているそうです。それはその場に降りてきた神様の反応なので、巫女様は審神者《さにわ》をしていらっしゃるとのことでした。審神者とは、神託を受け、神のご意思を代わりに伝える人のことです。

巫女様は、審神者の方法を先代の巫女様からすべて受け継いでいらっしゃいました。60年以上、ご神事を執り行ってきているので、その最中に誰にどんな反応が起きても、すぐにその意味を理解することができたそうです。

ところが、ある日巫女様は**それまでのご神事では見たことがない反応**を見て、大変驚かれました。それが、ご神事に同席していた僕に起こった反応だったというわけです。

「いったいこれは何やろう⁉」と、巫女様はご神事のあとで、これまでご自身が書き留めていたノートや、白川家に残されていた祝之神事の資料をくまなく当たってみられたそうです。

ところが、それら全部に目を通してみても、僕に起きた反応についてはどこにも書かれていなかったのです。

どうしたものか……、と思案されていたとき、ふと先代の巫女様から引き継ぎの際に「まぁ、この資料は開けることはないやろ……」と手渡された、不可解な資料があったことを思い出されたそうです。

奥のほうにしまっていたその資料。取り出して、はじめて開けてみたところ、そこには「めったに見られない特殊な反応」だけが綴られていて、ついにその中で僕に起きた反応を見つけることができたというのです。

巫女様によると、そこに書かれていたのは、**地球で発生した魂ではなく、異星人の魂を持つ人たちの反応**でした。

つまり、他の星で生まれた魂で、その後、地球で転生をくり返している人についての記述だったというわけです。

本来、魂の歴史について巫女様が当事者にお話しされることなどありません。ですが僕に関しては、「伝えなくてはいけない理由がある」と、お話ししてくださったのです。

それは次のようなお話でした。

アンドロメダ星雲は古くて高度な文明を持っており、その星の人びとはもはや肉体を持たず、魂だけの霞《かすみ》のような存在になっています。

そして、あんたはんはそのアンドロメダ星雲の中にある星の（地球でいう）王族・王家の家系の子息でした。

けれども、父親のような目上の存在に逆らったために、勘当されてしまったのです。

一から学び直しを命じられ、アンドロメダ星雲から隣の銀河系の前哨基地である、シリウスに送られました。

天の川銀河の5番目の渦の一番端に位置するシリウスは、アンドロメダ星雲の星の魂たちにとっての過酷な訓練施設だったそうです。

あんたはんはシリウスに送られ、その後、シリウスの宇宙艦隊司令官という任務を与えられたんや。

そして続けて、巫女様がこうおっしゃったのです。

「そのときのシリウス宇宙艦隊の副官のひとりが矢作直樹《やはぎなおき》先生です。そして、もうひとりの副官が私です」と。

巫女様から出る「宇宙人」という言葉

もし、巫女様がおっしゃったようなことを他の人から聞かされたのであれば、申し訳ないが僕は信じなかったことでしょう。

でも、代々白川家に伝わる伯家神道の祝之神事を、60年以上にもおよび執り行ってきた巫女様にそう言われたら、信じざるを得ません。

古神道家の女性が、「アンドロメダ星雲の魂」とか「シリウスの宇宙艦隊司令官」などという、まるでSFのような言葉を発すること自体に違和感を覚えました。

ですが、巫女様は僕の名誉母親であったシスター渡辺和子《わたなべかずこ》と同じくすばらしい人格者であり、とても美しく誠実で、愛にあふれる方でした。

その経歴とお人柄に対する信頼があったからこそ、巫女様の説明にもうなずけるものがあり、アンドロメダ星雲由来の魂たちは、きっと巫女様のような美しい魂なのだろうと思いました。

そして、そのときに、巫女様はこうもおっしゃいました。

「これからあんたはんのご神事のときには宇宙人がよう出てくるやろうから、彼らの話をよう聞いといてあげます」と。

実際、それから何度かご神事を受けさせていただく中で、全員で祝詞《のりと》を奏上している最中に、巫女様が「あっ、そこに宇宙人がきてはるわ」「拝殿の上にＵＦＯがおる」「今日はめずらしく**クラリオン星人**がきて笑うてはるわ」などとおっしゃることが何度かありました。

もちろん、僕には宇宙人の姿形は見えませんが、事前に巫女様から話を聞いていたのでそれを冷静に受けとめることができました。でも、他の人たちはみんなきょとんとした顔をしていて、終わってから「巫女様、大丈夫かな……」とヒソヒソ話をしていました。

コンタクティ情報と巫女様のお話にある共通点

巫女様を全面的に信頼している僕でしたが、ひとつだけ、どうしても気がかりなことがありました。

一応、僕は天文学科を出ているので、金星やアルクトゥールス、ベテルギウスなどの実際に存在する星々についてはよく知っているつもりです。だからそれまで聞いたことがなかった**「クラリオン星」**という言葉が気になってたまりませんでした。

「さすがの巫女様も、スピリチュアル系の本か何かに書いてある星の名前を鵜呑みにしているんだろう。クラリオン星なんてないのに……」とずっと思っていたのです。

長らくその一点の疑問が解消されず、これが巫女様の話を100パーセント信じきることができなかった唯一のファクターでした。

ところが、つい先日、宇宙人情報に精通している信頼できる人から「クラリオン星人がね……」というお話をお聞きしたのです。

その話をしてくれたのは、石川県羽咋市にあるUFOに関する『宇宙科学博物館コスモアイル羽咋』の仕掛け人、科学ジャーナリストで僧侶でもある高野《たかの》誠鮮《じょうせん》さんです。

高野さんは、元テレビ番組の企画・構成作家で、『奇跡のリンゴ』で知られる青森の木村秋則《きむらあきのり》さんを招いて、自然栽培で町おこしをされているスーパー公務員としても活躍されています。

宇宙人情報にくわしい高野さんは、YouTubeで「開星塾」を主宰されていて、元テレビ番組ディレクターであり実業家の矢追純一《やおいじゅんいち》さんと同じく、スイスのビリー・マイヤーなどのコンタクティ（=地球外知的生命体と接触した経験を持つ人たちの総称）にも会ってきたそうです。

そのときマイヤーからもらったというクラリオン星人の写真を見せてくれましたが、とても色白の美人でした。

コンタクティ情報はほとんどがウソだという説もありますが、高野さんの話ではマイヤーは本物だとのことです。さらには、私が共著を出させてもらった地球・先史文明研究家の浅川嘉富《あさかわよしとみ》さんが紹介されているマオリッツオ・カヴァーロというコンタクティも、クラリオン星人とコンタクトをしていたそうで、やはり色白の美人の写真を撮っているそうです（参考：『超次元スターピープルの叡智　クラリオンからの伝言』徳間書店）。

このように、クラリオン星人の存在を明かしているコンタクティたちがいることを知り、僕の中で巫女様に対する信頼は１００パーセント確実なものになりました。

おそらく、巫女様は60年以上もご神事を執り行ってこられた中で、さまざまな宇宙人たちと実際に遭遇されてこられたのだと思います。そして、ご自身もシリウス宇宙艦隊の副官としての魂の記憶を思い出されていたのでしょう。

だから、僕や矢作先生の魂のルーツもすぐに理解されたのだと思います。

その巫女様が、日本の皇太子が即位される際に現人神となるための秘儀を伝えるという大変重要なお役目を担ってこられたということは、アンドロメダ―シリウスと日本がとても深い関係があることの証左でしょう。

巫女様から聞いた「最初の人びと」の話

巫女様はシリウスと地球の関係、そして僕がシリウスの宇宙艦隊司令官として何をしてきたのかについてもくわしく話してくださいました。それは次のような内容です。


シリウスから地球までの距離は約8・6光年。

地球は一見美しく見えるけれど、長期的に見ると非常に不安定な動きをしていた。

そこで、地球の調査をするために、シリウスから調査隊が派遣されることになり、そのときの司令官が保江邦夫であり、副官が矢作先生と巫女様、先発の調査隊は科学者などが3000人ほど集められた。

不安定な惑星である地球の中で、シリウス調査隊は比較的安定している場所（今のユーラシア大陸あたり）に着地し、そこに前哨基地を作って、3000人を置いた。

これが、最初にシリウスから地球にきた人たちである。

そこには他に何も見当たらなかったので、最小限の防御態勢だけを敷いていた。

ところが、実はその頃、地球は他の惑星の宇宙人たちによって流刑地として利用されていた。

いろいろな惑星から地球に送られる流刑者たちは、主にその惑星で反体制派に属していた、いわゆる政治犯だった。

しかし、シリウス調査隊はそんな事実は知る由もなく、彼らは地球には自分たち以外に知的生命体（宇宙人）は存在しないものと思って調査を続けていた。


一方、シリウスとは別の、ある惑星の宇宙人たちは、かつてニビルという惑星にいて、ニビルが崩壊したために彼らは火星の地下を前哨基地として使っていた。

火星の地下にいたニビルの残党種族も、自分たちの星の政治犯を流刑地である地球に送り込んでいたが、彼らが再び地球にきてみると、シリウス人たちの基地ができていたため、ニビルの残党種族たちはそこに攻撃を加えた。

シリウス人たちの基地は小規模で最小限の防御機能しかなかったために、３０００人のシリウス人たちは全員ニビルの残党種族に捕らえられ、いったん火星の地下に送られた。

そして、そこで彼らはシリウス人を支配しやすいように洗脳し、「自分は何者であるか」という記憶を消した。

記憶を消された3000人のシリウス人たちは、他の政治犯・流刑者たちと同じようにまた地球に送られ、それ以来、地球人としての転生をくり返すようになった。

一方、シリウス宇宙艦隊司令官は、地球を調査するために派遣したはずのシリウス人たち（部下）から何の連絡もないことに疑問を持って地球に調査隊を送った。

そこで、シリウス人たちが他の種族たちに流刑者扱いされていることを知って、仲間を救うための救助隊としてシリウス宇宙艦隊から2名の副官を地球に送った。

しかし、派遣された副官たちも地球でニビルの残党たちに捕らえられ、同じように記憶を消されて、地球人として転生させられることになって、作戦は失敗。

同じことが何度か続いたので、副官である巫女様がスターゲートのような装置を使って地球をくまなく偵察したところ、地球上に特殊なグリッドが張り巡らされていることがわかった。

そのグリッドは、エジプトやナスカなどの巨大ピラミッドに代表される、世界各地のピラミッド群の頂上を結ぶエネルギーのネットワークになっていた。

そして、そのグリッドがバリアとなって、本来ならば、肉体の死後、出身母星や前哨基地に戻れるはずの魂が、自分たちの母星や前哨基地に還れなくなっていることを知る。シリウスからきた人たちの魂は地球上に留まって、地球人としての転生を何度もくり返していくしかなかった。

地球での転生を長くくり返せばくり返すほど、高度に文明が進んでいた母星（シリウスやアンドロメダ星雲）と魂の記憶は失われ、自分は地球人であると思い込んで地球の物質文明に適応していった。

シリウス宇宙艦隊の中でその様子を見ていた上層部は、地球で捕らえられた仲間たちを救い出すためにはそのグリッド（バリア）を外す必要があることがわかり、そこで、司令官が直接地球に乗り込むこととなった。

ところが、司令官も地球にきてからニビルの残党たちに捕まってしまった。

そして、それを見ていた司令官のソウルメイトが司令官の後を追って地球にやってきて、地球での転生を一緒にくり返すことになった。

これが巫女様からお聞きした、「最初の人びと」にまつわるお話でした。

僕の使命は「第2の宇宙〇〇」を作ること

また、2022年になってからわかったのは、伯家神道の先代の巫女様がお亡くなりになる直前に、僕に言われたある言葉の意味です。

これは前の拙著にも書いているのですが、当初、巫女様から言われていたのは「あんたはんの今生でのお役目は、地球に第2の宇宙センターを作ることやで」ということでした。

そのときは、「第1の宇宙センターがシリウスにあるのはわかるけど、第2の宇宙センターっていったいなんなんやろ？」と思いました。

僕は「巫女様もご高齢なので、アメリカのケネディ宇宙センターのニュースか何かをたまたま見て、そんなふうに言われたんだろう……」と思い、まあ基地になりそうな建築物を造ればいいのかな、などと思っていました。

ところが、それが2022年になって、朝起き抜けにふっとその意味がわかったのです。それは、たまたまテレビをつけていたときのことでした。

普段は映画ばかり観ているのですが、たまたまチャンネルを変えていたら『宇宙戦隊○○レンジャー』という番組の情報を見つけ、そこで「えっ、宇宙戦隊⁉」とピンときたのです。

巫女様があのときにおっしゃっていたのは、「宇宙センター」ではなくて「宇宙戦隊」だったんだ、と。

いつも京都弁で話されていたので、巫女様が「戦隊」といったのが僕の耳には「センター」に聞こえただけで、よく考えてみると太平洋戦争を経験した巫女様世代の人たちにとっては「○○戦隊」というフレーズは普通に使っていた用語のはずです。

「あぁ、地球に第2の宇宙戦隊を作ることが、僕の今生の役目なのか」とひらめいたわけです。

つまりそれは、**地球にバリアを張り、3000人のシリウス人の魂の帰還を阻止している悪い宇宙人（ニビルの残党）と戦う地球防衛軍を作る、**という意味だったのです。

しかし、そこまではなんとかわかったものの、巫女様は〝戦う相手〟については何もおっしゃってはいませんでした。わかっていることは、「グリッドを張った宇宙種族は火星の地下にいて、反体制派の政治犯たちを地球に送り込むとともに、地球にいたシリウス人たちを洗脳して地球人として閉じ込めている」ということ。

さらに、司令官である僕はシリウスの魂を持つ人たちを救うために、地球上に第2の宇宙戦隊を作らなくてはいけない、ということだけです。

もっと具体的に、誰とどのように戦えばいいかは、皆目見当がつきません。

さる予言によると、今生での僕の寿命は97歳らしいので、まだ20年以上はありますが、そうそう歳を取ってからでは動きがままなりません。

「なんとか早い時期にそのお役目を果たさないと……」と思っていましたが、つい数ヶ月前にはじめてお目にかかったある人物から、**すごい資料**をいただくことができました。

ロズウェル事件の極秘資料を入手

2022年1月12日、僕はふと「今年は宇宙人たちについて語らなければいけない年になる」ということを理解しました。巫女様から言われていたことを公表する年になると感じたのです。

でも何を、どうやって伝えればいいのか、具体的なことはまったくわかっていませんでした。

そんなとき、ある人からひとつの資料が僕のもとに届けられたのです。

僕がお会いしたその人物は、かなりご高齢の男性でした。メタトロンの代理店をされている社長さんの紹介で、都内の某会員制のホテルではじめてお目にかかりました。その方が帰り際、「お礼に」と言って、1冊の資料を僕に手渡してきました。

チラッと見たら、**昔のワープロで打ったような文字**で、何やら自動翻訳でもしたかのような**たどたどしい日本語**が並んでいました。

「コレ、いただいていいんですか？」と僕が聞いたら、その男性は「もちろん、今日はコレを差し上げるためにここにきたんです」とおっしゃいました。僕はお礼を言ってその資料を受け取りました。

これまでもいろいろな方から資料をいただく機会はたくさんあったものの、実はしっかりと目をとおしたものはほとんどなく、このときもその男性からいただいた資料はすぐに目を通すことなく、置きっ放しにしていました。

ところが、たまたま仕事の合間、ふっと気になってその資料に何げなく目をとおしてみたのです。すると、「えっ⁉」という驚くべき内容が書かれている資料だということがわかり、僕はそのまま一気に読みました。

その資料は、宇宙人情報の中でもっともよく知られている**「ロズウェル事件」に関する極秘資料**だったのです。

ロズウェル事件とは、１９４７年７月にアメリカのニューメキシコ州ロズウェル付近に墜落したＵＦＯが米軍によって回収され、それを目撃したという証言者もいたというとても有名な事件です。

実は、墜落したＵＦＯには、死亡した2名の乗員以外にもうひとり宇宙人が乗っていて、米軍に保護されていたのです。そのときに捕らえられた宇宙人（＝エアル）をアメリカのＣＩＡと陸軍航空隊が取り調べました。

信じられないことに、**僕がもらった資料は、そのときの宇宙人の取り調べで作成された調書のコピーだった**のです。

資料には、墜落して生き残っていた宇宙人パイロットに対して、米軍の情報部が尋問した内容が日本語に訳されて詳細に記されていました。

「なんでこんなものをあのおじいさんが持ってたんやろ⁉ 偽物ちゃうんか」と驚きながらも、僕はそこに書いてある内容に釘づけになりました。

資料の頭には、『アメリカ合衆国陸軍航空隊公式記録文書 エイリアン・インタビュー』（１９４７年）とあり、その内容は表面的なことではなく、その宇宙人の背景についても触れた、かなり細かなものでした。

どうやら、その宇宙人も軍人としての立場上、具体的に「どの程度の軍事技術や設備を持っているか？」などの機密事項に関しては一切答えなかったようです。

米軍による尋問は1週間続きました。尋問した中には世話係の女性の下士官（陸軍の看護師）もいて、そのうちにその女性にだけ心を許したのか、資料には宇宙人が彼女に対してテレパシーで話しかけてきた内容も記録されていました。

それによると、宇宙人は、軍関係のことには答えられないけれど、**地球人にとってプラスになることだけは話してもいい**と言ってきたそうです。

しかし、その宇宙人は軍人でありエンジニアなので、地球のことはあまり学んでいないらしく、その場で自分の惑星の通信局の上官にテレパシーで連絡を取り、そこから地球の情報を得たうえで、女性看護師の質問に対しておおよそ次のような回答をしています。

極秘資料『エイリアン・インタビュー』を公開

地球外生命体なのに、地球と地球人に有益な情報なら伝えてもいい、とは、やけに親切です。でも、読んでいくとその理由がわかりました。

実は、宇宙の中では「地球と地球人の解放」がかなり重要なテーマとなっており、すでに宇宙でそれはひとつの大がかりなプロジェクトになっているようでした。そして、我々地球人が認識している時間軸を超えて、それは今も同様に続いているそうなのです。

では、アメリカの極秘資料『エイリアン・インタビュー』の一部をご紹介します。文章の中に出てくる「ドメイン」という言葉は、その宇宙人が属している宇宙文明のことのようでした。さらに、「旧帝国」とあるのはおそらくニビルの残党勢力と思われます。

・地球はさまざまな惑星から送り込まれた魂たちの監獄になっており、いにしえの時代より、謎の宇宙文明（旧帝国）から「ならず者」の烙印を押された者たちが島流しのように地球に送り込まれていた。

・そこで、地球人と呼ばれる者たちは、本来は不死のスピリチュアルな存在（魂）であるにもかかわらず、旧帝国によってその記憶を消されてしまい、肉体の中に閉じ込められて永遠に無意味な生まれ変わり（輪廻転生）をさせられている。

・旧帝国によって作られた地球の電磁バリアは、地球周辺の魂を感知し、彼らがこの領域から逃走できないように設計されていて、捕らえられた魂には記憶を消去するために非常に強力な電気ショックを用いた「洗脳治療」が施される。

・ドメインの遠征軍が地球にきた当初、旧帝国が地球を牢獄惑星として維持していたことに気づいていなかったので、自分たちの基地は要塞化していなかった。それゆえ、旧帝国軍の残党による攻撃を受け、それ以降、旧帝国軍とドメインの間で長期戦がくり広げられた。

・その際、ドメインの3000人（一個大隊）が捉えられ、火星に連れて行かれて記憶を消去され、人間の肉体に居住するために地球に送り返されたまま今も地球にいる。

・旧帝国軍の残存勢力はドメイン遠征軍によって破壊されたものの、旧帝国によるマインドコントロールオペレーションの効力は未だに残っている。

・したがって、地球人は思考停止したロボットのように調教され、自主性のない存在となり、また肉体が死を迎えるたびに偽りの記憶と時間が組み込まれ、無限ループするように魂が強制的に地球に戻らされる。

・ただし、理論上は、地球に対して使われている記憶消去装置を完全に破壊することができれば、宇宙からきた魂たちは自分の記憶（魂の記憶）をすべて思い出すことができる。

ロズウェル事件で保護された宇宙人エアルのこの証言は、まさに巫女様が僕に授けてくださったお話と一致するものでありました。さらに、のちに僕がシリウス宇宙艦隊司令官のアシュターとの接触で伝えられる内容とも、ほとんど同じだったのです。

アシュターに関するお話はのちほどくわしくお伝えします。

宇宙人がロズウェルを訪れていた理由

資料によると、その生き残った宇宙人エアルは、自分のことを「創造者・母・源」であることから、自らのことは「女性」と称していたそうです（そのため質問者も「彼女」と記述していた）。

さらに、彼らは本来、肉体を持たない不死の霊（意識）だそうで、生物学的な存在ではないとのことでした。それゆえ、**地球のように密度の濃い物質界にくるときは、ドールボディ（人形体）を使う**そうです。

これは、意識体が物質世界で行動するために使われる魂の「乗り物」のようなものらしく、職務に就いていないときはこの仮の肉体は使わずに、本来の霊的な姿で生活していて、宇宙船もドールボディと同じように作られている、と語っています。

こうした点も、僕がアシュターから直接聞いた話と合致しています。

ではなぜ、宇宙人エアルは今回地球を訪れたのかというと、**「地球の資源が破壊さ**

れたり、損なわれたりしないように地球を守る」というドメイン遠征軍の目的を実行するために調査にきたのでした。

具体的には、人類が１９４０年代から核爆弾を作るようになったことへの警戒と、実際にニューメキシコで行われた核実験の偵察任務を受けて地球にきたようです。

この核実験は、１９４５年7月16日午前5時半、広島、長崎への原爆投下に先立ち、アメリカ政府が南西部ニューメキシコ州で世界初の核実験（トリニティ実験）を秘密裏に成功させたもので、これが人類初の核実験です。

ドメインの遠征軍が戦った旧帝国軍というのは、おそらく火星の地下に潜んでいるニビルの残党種族だと思われます。

ニビルは今、壊れて小惑星になっていますが、もともとは科学文明が高度に発達した半面、核兵器によって自らの惑星を破壊してしまい、その残党が火星や金星に逃げたようです。

彼らが地球を流刑地にしていたのはその前からですが、いずれにしても、シリウスのように高度に進化した惑星の魂たちは、ニビル星の残党種族の悪い宇宙人によって奴隷化されてしまった地球人の魂を解放し、かつ地球自体が破壊されてしまうのを防ぐためにやってきているのです。

核兵器によって地球そのものが破壊されてしまったら、シリウスの魂たちもその時点で消滅してしまうので、もはや彼らを救い出すことができなくなるからです。

現に、これまでUFO遭遇事件は核実験や水爆実験がなされた場所や、核ミサイル基地や原子力発電所などの周辺で頻繁に起きていることから、シリウスの小型調査船が常に偵察にきていると考えられます。

ロズウェルの宇宙人が今も僕に憑いている理由

僕はこの極秘資料（『エイリアン・インタビュー』）を読んで、あることを思い出しました。

それは今から十数年前の話ですが、僕の岡山の道場に稽古をさせてほしいといってこられた、肥田式強健術の師範をなさっている東京の男性がいました。

稽古が終わってから喫茶店で懇親会があり、ビールを飲みながらその男性と雑談をしていました。

話によると、彼は肥田式強健術をやっているうちに、創始者である肥田春充《ひだはるみち》先生と同じように超能力が発揮できるようになったそうで、彼の場合は人に憑いている霊と会話もできるということでした。

そういう話はごまんと聞きますので、いつものように僕は軽く聞き流そうとしました。すると、彼が**「めずらしいですね。保江先生には宇宙人の守護霊が憑いています」**とおっしゃったのです。

どういうことか、と思い、とりあえず詳細を聞いてみました。

なんでも、人間以外の守護霊が憑いている場合、大抵は動物の霊が憑いているらしいのですが、僕にはめずらしく宇宙人の守護霊が憑いているのがはっきり見えたそうなのです。

それだけでなく、めずらしい宇宙人の守護霊に驚いた彼は、その宇宙人の霊と会話までしたというのです。

それでわかったのが、なんと僕に憑いているその宇宙人は、ロズウェル事件で墜落した宇宙人の霊だったそうで、彼はその宇宙人からこんなことを聞いたと言っていました。

・UFOが墜落したのは自分の操縦ミスだった。低空を飛んでいて雷に打たれて墜落し、そのために同じUFOに乗っていた他の宇宙人も死んだり、米軍に捕まったりしてしまった。

・自分はその場に浮遊霊となって漂っていた。ロズウェルの墜落現場には世界中からUFOマニアがたくさんやってくるが、そんな中、ある日、この男（僕）とその娘がふたりでやってきたので、「この男に憑いていればいつか自分の星に戻れる」と確信し、ずっと憑いていた。

このときは正直、「何をアホなことを……」と半ばあきれながら聞いていたのですが、いくつか気になる点もあったことは事実です。

たとえば、確かに娘とふたりでロズウェル事件の墜落現場に行ったことがありました。

ただそのときは、「もしそうだとしても、僕が宇宙飛行士ならともかく、僕に憑いていたって自分の星に戻れるなんてことはないだろうけど……」と、それ以上深く考えることはありませんでした。そして、すっかり忘れていたのです。

ですが、今考えてみると、ロズウェル事件で生き残った宇宙人も、自分たちの出身惑星（ふるさと）を聞かれて「文明・大きな惑星・資源・秩序・叡智・2つの星」などと答えていることから、彼らもおそらくシリウスからきたに違いないでしょう。

シリウス宇宙艦隊司令官アシュターとの接触

伯家神道の巫女様から、僕の魂のルーツに関する話を聞かされてから数年たった頃、はからずも、僕はまた同じような話を別の人から聞かされることになりました。

僕が教鞭《きょうべん》をとっていた女子大学の卒業生で、今はロンドンに住んでいるある女性が、ある日突然、どうしても僕に会いたいといってこられ、2019年12月のクリスマスにお会いすることになったときの話です。

そのロンドン在住の女性は、僕の授業を受けていたわけではなかったので、そのときが初対面でした。

そこで、他の卒業生にも声をかけて、僕のなじみのイタリアンレストランにおふたりをご案内したのですが、食事が運ばれてくる前に自己紹介をしていると、ロンドンからきた卒業生の女性の様子が急におかしくなりました。

そして、こんなことを言い出したのです。

——私はシリウスの宇宙艦隊司令官、アシュターである。今日はお前に緊急指令を伝えにきた。

いきなりそう言われたので、僕は困惑して「えっ、どういうこと？　司令官？　でも、僕が司令官だったんじゃなかったっけ」と思いました。

すると次の瞬間、まるでその思考を読んだように彼女が言いました。

——そうだ。今このときに、地球上で生きている人間の中で私の魂を受けているのはお前だけだ。

私は現在、シリウスBの周回軌道上にある宇宙艦隊の司令官、アシュターそのもの

である。それが今、この者の体を使ってお前に緊急指令を伝えにきたのだ。

緊急指令と言われ緊張しましたが、アシュターと名乗る存在が彼女の体を介して伝えてきたことは、「スピリチュアル系で活躍しているある人物には用心するように」というちょっと下世話な内容でした。

宇宙艦隊司令官ならスケールが大きなことを伝えてくれるのでは、と期待した分、少し拍子抜けしました。でも、実はその意味は翌日になって判明したのです。

というのは、その翌日、僕がお世話になっている出版社の社長さんが突如事務所に訪ねていらして、その人物と対談する企画を切り出してきたのです。

もし前日にアシュターからの緊急指令を聞いていなければ、僕もその対談話を受けていたかもしれません。

でも、すぐに「あっ、これが昨日アシュターの言っていた緊急指令だったのか！」とピンときたので、その人物との対談の話は丁重にお断りさせていただきました。

話をクリスマスの夜に戻すと、女性の体に入ったアシュターと名乗る存在は、ワインを飲み、肉をおいしそうにほおばりながら、さらに3時間にもわたって興味深い話を僕に聞かせてくれました。

「最初の人びと」にまつわるアシュターの証言

クリスマスの夜にアシュターから聞いた話は、伯家神道の巫女様からお聞きした話と重なるもので、まとめると次のような内容になります。

大昔、シリウス宇宙艦隊の乗組員たちは、魂の状態のまま、金星経由で地球にやってきた。

その頃の地球には、ニビルの残党種族たちが遺伝子操作によって作ったさまざまな生物がいた。それは、流刑者として送られてきた魂たちをずっと流刑地である地球上に留めておくためで、このような雑多な生物がいる星は地球以外には存在しない。

地球にきたシリウスの魂は、当初は「イルカ」や「クジラ」などの体に入り、やがて脳が進化した人間の体に入って、平和な暮らしをしていた。

地球の人間の体に入ったシリウスの魂たちは、自分たちは「魂の存在である」ことを覚えていて、右脳型の平和なレムリア文明を築いていた（これが後の縄文文明につながる）。

一方、それとは異なる「肉体がすべてである」という考えのアトランティス人たちは、物質至上主義や左脳に偏った科学技術を発達させていった。

「自分は魂の存在である」ことを覚えているシリウス系の人たちは、地球の歴史の中で神や天皇として尊重されていたが、物質文明が進むにつれてアトランティス系の人びとによって邪魔者扱いされるようになり、殺され、虐げられていった。

だが、シリウスの魂を持つ人たちは、肉体がなくなると再びシリウスに戻ることができ、また上空の電離層で漂うことやいったん金星に避難することもできた。

そこで、また地球人として生まれ変わってくると、ブッダやキリストなどのように大衆に真実を知らせるようになるため、唯物主義・科学信仰のアトランティス人たちにとっては厄介な存在となった。

そのため、アトランティス人は、一度肉体から抜け出たシリウスの魂たちがシリウスから地球に戻ってこられないように画策した。

そして、全世界の主要な場所にピラミッドを造って、その頂点にキャップストーンを置き、その中に特殊な金属でできたものを埋め込み、そこからネットワークが張られて地球の全域を覆った。

これが電磁場の魂を遮断する電磁バリアとなり、一度肉体を抜けた魂がシリウスから戻ってこられなくするのと同時に、地球に残されたシリウスの３０００人の魂たちが地球上での転生を何度もくり返すことになった。

こうして、「神」と呼ばれるような魂たちが地球に降りられなくなって、徐々に「肉体の自分がすべてだ」と思っている人だらけになり、争いや物質至上主義がはびこって、それが理由でやがてアトランティス文明も滅びることとなった。

しかし、現在もピラミッドの電磁バリアは残されていて、このままでは本当に地球が終わってしまう可能性があり、シリウスの魂たちを救出することができなくなることを案じたシリウス宇宙艦隊は、地球とシリウス人の救出作戦を決行することにした。

それは、電磁場の魂という形ではなく、はじめて肉体という実体を伴って、実体のある（物理的な）宇宙船に乗って地球を訪れることであった。

なぜなら、実体のある宇宙船は電磁バリアで妨げられることはなかったからで、こうして宇宙艦隊の宇宙船は最初にアフリカのサバンナに降り立った。

そこはピラミッドがあるエジプトの南方で、宇宙艦隊司令官アシュターは、そこでまずエジプトのカイロにあるギザのピラミッドのキャップストーンを撤去し、地球全体をカバーしているグリッドのバリア機能を停止させる作戦を実行した（現在のギザのピラミッドにはキャップストーンがないのはそのため）。

それ以来、地球にいるシリウスの魂を受けた神や天皇と呼ばれている人たちにシリウスからの情報が再び届けられるようになった。さらにアトランティスのような左脳偏重の唯物的な考えを持つ人たちを抑えることができていた。

しかし、グリッドはすべて破壊されたわけではない。

その影響を受けてきた３０００人のシリウス系の魂たちは、自分たちの魂の記憶を喪失したまま地球人としての肉体に縛られ、シリウスに帰還することができない状態だった。

そこで、実体のある宇宙船でやってきたアシュターは、いくつかの生物の体の中に同時に魂を入れることができたので、魂（本体）の一部を人間の体の中に入れた（分身・分霊）。

それと同時に、司令官としての任務に支障をきたさないよう、イルカやライオンなどの体の中にも魂の一部を入れて（それがスフィンクスの形で残っている）、地球での救出作戦を続行。

人間の体に入ったアシュターの分霊は、物理次元の宇宙船に乗ってシリウスに戻ることができたので、電磁バリアの影響は受けずに、こうして何度もまた地球の人間として生まれ変わりを続けながら、その都度、グリッドを破壊してきた。

このようにして、これまでに二十数回地球での転生をくり返してきたものの、現状（現代）においてもグリッドは完全に破壊できてはいない。そのため、地球にいるシリウス系の人たちは、死んでも魂は母星であるシリウスには戻れず、地球圏内に縛られたままでいる。

だが、アシュターも、地球にいるのは魂の分身（分霊）である以上、人間として転生をくり返すには限度があり、分霊は最終的には消えてなくなる。

それゆえ、今回がアシュターにとって部下を救い出すラストチャンスである。

今このときに、地球上で生きている人間の中で私（アシュター本体）の魂を受けているのは、お前（保江邦夫）だけだ。

もしも、今回、肉体を持ったお前の人生が終わるまでにグリッドを完全に破壊することができなければ、アシュターの意のままに動ける存在がいなくなってしまうので、シリウスの魂たちを地球から救出することができなくなる。

だから、なんとしても、今回こそグリッドを完全に破壊しつくすか、あるいは何らかの方法によって３０００人の部下をシリウスに帰還させるという、アシュターとしての任務を果たしてほしい。

◇◇◇

以上が、２０１９年のクリスマスの日にアシュターが僕に話してくれた内容です。

つまり、３０００人のシリウスの部下を送り出した司令官だった僕は、今もシリウス宇宙艦隊司令官アシュター（本体）の分霊（分身）であることがわかりました。そして、僕の肉体が死んでしまうと、分霊としての役割は今回で終わりを迎えることになるらしいのです。

それまでに、どうにかしてグリッドを破壊することが必要です。

巫女様のお話も、アシュターからの伝言も、すべては「最初の人びと」の救出についてでした。なんとしても今生でこの任務を終える必要があります。

ですが、どうやればいいのか――。

でもあきらめるわけにはいきません。そう思っていると、不思議なことに、すべてのピースがそろい始めていったのです。

Part 2

シリウス由来の魂を救え！
宇宙からの伝言

少年時代、UFOを目撃したことからすべてが始まる

「最初の人びと」の救出のために僕がすべきこと、それが判明してからというもの、その大役について忘れたことはありません。

今生が司令官として地球にいられる最後だとわかり、人生をふり返ってきました。たしかに、僕は不思議なことばかり体験させられてきたと感じます。

最初の不思議体験は、小学2年生のときにオレンジ色の葉巻型UFOを目撃したことでしょう。

それから幾度となく、不思議な体験が僕の人生を導いてくれました。

・スイスのジュネーブ大学理論物理学科に呼ばれた後、ドイツのアウトバーンを時速190キロで走っているときに、シュレーディンガー方程式を導く、より深い方程式がひたいの裏側にふっと浮かぶ。

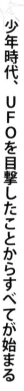

・末期の大腸がんで緊急手術をしたときには、天使とマリア様が付き添ってくれ、命を取り留める。

・姪と一緒にエジプトのギザの大ピラミッドでハトホルの秘儀を行う。それからは、一瞬にして、今いる場所を愛にあふれる空間に変える「次元移転」の術ができるようになった。

・丹波の白龍神社で、ロシアのサンクトペテルブルクにあるＵＦＯ研究所に勤務する日本人女性からＵＦＯの操縦方法を教えてもらう。

・エリア51やロズウェルにも連れて行き、今ではＪＡＸＡ（宇宙航空研究開発機構）に勤務している僕の娘が、ＵＦＯが僕の目の前にはっきり現れたその直後、無事に男子を出産。

・東京の皇居のまわりや、青森の津軽に張られていた北斗七星の結界をなぜか僕が修復することになった。

他にも、神様に導かれているとしか思えない不思議な体験をたくさんしてきました。

だから、もしかすると、これまで僕が経験してきたことがすべてつながって、アシュターの分霊としてのお役目が果たせるのかもしれません。

巫女様の話やアシュター本体からの伝言を聞いても、「じゃあ、僕はいったい何をすればいいの？」と具体的な方法まではわかりませんでした。

ＳＦ映画のように、宇宙人が使う特殊な光線銃でもあれば、なんとかグリッドを見つけてそれを破壊したいとは思いますが、残念ながら僕はそんなもの持ってはいません。

でも確かに、祝之神事を受けるようになってから、同じシリウス系の魂と思われる人たちとのつながりが強まってきていることは間違いないとは感じていました。

そして、自分の中にも**「どうすればシリウスの魂たちを救出できるんだろう……」**という思いはあったのですが、そのことをより強く意識させられたのは、はせくらみゆきさんとの出会いがきっかけでした。

エスタニスラウ神父様との再会とお叱り

はせくらさんは、日本を代表する画家のひとりで、僕が最初にお目にかかったのは、超能力マスターがいるお店として有名な長崎のカフェ「四次元パーラーあんでるせん」に行ったときでした。

そのときは、「あんでるせんのマスターが本物の超能力者かどうかを見極めよう」というツアーで、僕も物理学者のひとりとして誘われ、はじめて参加しました。

参加者は総勢30人ほどで、そのツアーメンバーにはせくらさんもいらっしゃったのです。

このお店はご夫婦だけで営業されていて、食事の後マスターがカウンターの前に出てきて超能力を披露するというお店です。マスターの超能力をこの目で見たいと、全国各地から人が押し寄せるお店なのです。

はせくらさんとは、あんでるせんに行く前日、ハウステンボスのホテルで前夜祭の宴会をやっていたときにはじめてご挨拶をしました。ですからお互いのことはあまり知らずにいたのです。

ところが、あんでるせんの中で、いきなり僕に向かって**「あなたは宇宙人ですね」**と言ってこられたのです。

僕は「何この人⁉」と思いながらも「どうしてそう思ったのですか？」と聞いてみました。

すると、どうやら彼女は、見ようと思えば普通の人には見えないビジョンが見えるそうなのです。あんでるせんのお店の中で「いったい今日はどんな人たちが集まっているんだろう」と思って、見えるときのモードに切り替えて全員を見渡してみたというのです。

そうしたら、**ひとりだけ頭の上部がスコーンと開きっ放しで上とつながっている人**が見えて、「これは地球人ではありえない、宇宙人に違いない。誰だろう⁉」と思ってまた普通のモードに戻して見てみたら、それが僕だったそうです。

そのときはそれだけの会話で終わりましたが、とても印象的な出来事でした。

それから数年後に、突然、はせくらさんから電話をいただいたのです。

彼女は、「上からの指示であなたに会わないといけない」と言ってこられました。

僕は「はせくらさんとは一度しか会ったことないのに、いったいなんの用だろう？」と思いながら、待ち合わせ場所だった品川駅近くにあるホテルのラウンジに、東京で秘書をしてくれている女性とふたりで向かいました。

コーヒーを飲みながら、「あんでるせん以来ですね」などと話をしていたら、はせくらさんのほうから「ところで、今日はなんのお話ですか？」と僕に尋ねてきたのです。

僕は面食らって、「いやいや、呼び出したのはあなたのほうですよ。僕はあなたに呼ばれたからきただけで……」と答えました。

すると、彼女のほうが「えーっ!?」と一瞬驚いて、「上からあなたに会えと言われたから電話をしたんです。私は当然、あなたのほうに要件があるのかと思ってきたんですが……」と不思議そうな顔をしていました。

「いやいや、僕のほうは要件なんかないですよ……。まぁ、いいや。コーヒーでも飲みましょう」と仕方なくそう言いました。

すると、急にはせくらさんの表情が一変し、何者かが彼女の体に降りたかのように、突然男の声でしゃべり出したのです。このときはまだ彼女が霊媒体質だとは知らなかったので驚きました。

何事か、と思いましたが、でも話に耳を傾けているうちにはっきりわかったのです。「間違いない、この声の主は、エスタニスラウ神父様だ！」と。

そのとき、エスタニスラウ神父様から、

――**お前はやるべきことをやっていない。早く光の十字架を立てろ**。

というお叱りを受けたのでした。

神父様の話が終わると、はせくらさんはふと我に返ったようになり、「えっ、今、誰かが私の体を使って降りてきたでしょ。誰だったの？」などと僕に聞いてきました。

一応説明はしたのですが、僕自身も戸惑っていたので、とにかく神父様からの言葉を忘れないように心に留めました。

3人の賢者による作戦会議

この話にはさらに後日談があって、それから2年後、またはせくらさんのほうから連絡がありました。

そのときは、はせくらさんから「連れてきてほしい」とご要望があったので、知人の男性にも声をかけ、一緒に行ってもらいました。

彼は安倍晴明《あべのせいめい》の魂を持っている少年で、彼とはせくらさんと3人でお会いしました。

また以前と同じホテルのラウンジでコーヒーを飲みながら話をしていたら、今度は、はせくらさんにエスタニスラウ神父様だけでなく、イエス・キリストの霊まで降りてきたのです。そして、

――まだ光の十字架が立っていない。お前の努力が足りない。何をしている。

とまたお叱りを受けたかと思うと、少年のほうにも安倍晴明の本体の霊が降りてき

たのです。

なんとそのラウンジで、エスタニスラウ神父様、イエス・キリスト、安倍晴明の作戦会議が始まってしまったのです。

たぶん、隣のテーブル席にいたお客さんは、「何をおかしなことをやっているんだろう？」と怪訝な顔をしながら見ていたに違いありません。

でも、そのときのお話は、伯家神道の巫女様やロンドン在住の女性に降りたアシュターから聞いた話とほぼ同じ内容で、事態はさらに深刻さを増していました。


アシュターはグリッドを外すために地球にやってきて、ギザのピラミッドの頂上にあったキャップストーンを外すなどしてある程度グリッドを外すことはできた。

しかし、まだグリッドが残っているだけでなく、むしろより強化されている。

したがって、今回、保江がその強固なグリッドを壊さないと、もう地球にいるシリウスの仲間たちを救出することはできない。

これが、エスタニスラウ神父様、イエス・キリスト、安倍晴明、三者の結論でした。

僕は彼らに、そもそも**グリッドが強化されている理由**はなんであるのかを聞きました。

その原因は、**5G（第5世代移動通信システム）で、5Gのエリアが拡大することによって、地球の電磁バリア機能がより強化されてしまう**のだそうです。

5Gのエリアが世界中に完備されてしまったら、シリウスの魂たちはもはや完全に地球圏の外には出られなくなる、とのことでした。

ただし、電波そのものが害というわけではなくて、スマートフォン、ゲーム機、タブレット、パソコンなどで5Gを使い続けることによって、人びとの意識がよりデジタル依存、物質依存になって本来の脳機能も著しく低下し、魂まで悪影響を受けてしまうということです。

僕は、「じゃあ、僕が5Gのネットワークを破壊すればいいんですか？」と聞きました。すると安倍晴明の本体が答えてくれました。

――いや、そんなことをするよりも、逆に5Gのネットワークを利用して、反対の情

報を流せばいい。

反対の情報を流す、という、またむずかしい内容を突きつけられ、「一応、僕なりに努力をしてみる」とだけ答えました。

この話を受けてから僕は地道に、「5Gは危険だから気をつけて」「ITやAIに依存し過ぎると危ない」といった内容を、動画、講演会、著書をとおして、ひとりでも多くの人たちにお伝えしてきたつもりです。

しかし、ご存じのように、5Gの基地局は日本でもau、ドコモ、ソフトバンク、楽天モバイルの4社で開設が進められていて、通信エリアはどんどん拡大しています。

そうこうしているうちに、世界中で新型コロナウイルス騒動が巻き起こり、はや3年たって現在に至るわけですが、これまで僕にもたらされた情報としては、

・今回の僕の人生が終わったら、シリウスの魂を持つ3000人の部下を母星シリウスに連れて帰ることができなくなる（アシュターより）

・地球のグリッド（バリア）はより強化されていて、今回それを完全に壊すか、あるいは、光の十字架を立てるなど他の方法を使って３０００人を一緒にシリウスに連れて帰るしかない（エスタニスラウ神父様／イエス・キリスト／安倍晴明より）

ということだけで、僕は「シリウスの魂を救うための、もっと現実的な、具体的な方法はないのかな⁉」と思案し続けてきました。

高次元の宇宙から送られるサポーター

そんな中でふっと思い出したのは、以前、伯家神道の先代の巫女様から言われたように、僕は無意識に、かつてのシリウスの部下たちに声をかけて呼び集めてきているということでした。

実際、今あるご縁についてシリウスと結びつけて考えると、少しずつ僕の中で魂の記憶がよみがえってくることがありました。

特に、朝、完全に目が覚める直前、いろいろなことがわかるようになりました。それは一瞬のひらめきのような感じですが、朝方だけではなくて、夜、眠りに入る直前にも映像が浮かんでくることもあります。

それは10回に1回くらいの割合ですが、魂の記憶らしきものが断片的に意識に上ってくるようになり、僕の中でこれまでのことがすべてつながってきたのです。

僕と姪がエジプトのピラミッドでハトホルの秘儀を行った話は前述しましたが、実は、そのとき僕たちは王の間でふたりきりになってからその秘儀をやるつもりでした。ところが王の間には他にも観光客がいて、その人が部屋からずっと出て行かなかったのです。

僕は、「あの人のせいでご神事は失敗した」と腹立たしい思いをしながらピラミッドを出て、ホテルに戻っていきました。

ところが翌朝、同じツアーに参加していた女性がわざわざ僕のことを探し出して、「神様からあなたたちのご神事がうまくいった、ということを伝えてほしい、と言われました」と伝えてきてくれました。

なんでも、彼女も僕たちと同じようにご神事をするためにツアーに参加していたらしく、王の間でご神事をすませた後で、回廊に出てから神様からこんなふうに言われたそうです。

――お前の前に、王の間でご神事をして、「失敗した」と思い込みながら出て行った男性がいる。しかし、そのご神事はうまくいっており、彼のいる場所ではいつでも高次元で王の間につなぐことができるようになっている。けれど彼はそれに気づいていない、だからそれを彼に伝えてあげなさい。

その神様からの伝言を聞いた僕は、「えっ⁉　なんだ、ハトホルの秘儀のご神事はうまくいっていたんだ」と心からほっとしました。

今思うと、姪はもちろん、このときにたまたま同じツアーに参加しただけのような初対面の女性も、おそらくシリウスの魂を持ち合わせているのだと思います。そうでなければ、このような偶然はありえないのではないかと思うのです。

つまり、その女性もシリウスからの次元のメッセージを伝える役割で、そのツアーに参加されていたのです。

これまで、このような魂レベルのつながりをたくさん紡いできました。みんなサポーターだったと今ならわかります。

アンドロメダ星雲時代からのソウルメイト

実は、僕と姪との関係も、シリウスの魂同士の縁であったということがあとになってわかりました。

姪は、スピリチュアルな分野に関心があって、以前からひとりでいろいろなワークショップに参加していたようです。

彼女は医療者一家の中で育ち、どちらかというと内向的な性格でした。そして、どうも現代の社会が生きづらく、合わない感じがあったようです。

姪が以前からさまざまなワークショップに参加してきたことを知っていたので、先代の巫女様がご存命のとき、僕は姪に、「すごく信頼できる巫女様がやってらっしゃるご神事があるから、一緒に参加してみる？」と声をかけました。

本来、ご神事への参加について勝手に人を誘うなど、あってはならないことでした。でも、巫女様は僕が連れてくる人に関しては、何もおっしゃらなかったのです。むしろ喜ばれていました。

姪もぜひ参加したいということで、それ以来一緒にご神事に参加するようになったのです。

そのうちに巫女様が、なぜか僕と姪を一緒に組ませて必ずふたりでご神事をされるようになりました。それは、魂の縁がとても深い者同士（ソウルメイト）が行う「相修行」というものでした。

皇太子の場合も、すでにそのような方とめぐり合っているときには相修行をされるそうです。相修行をするとご神事の際の霊的反応がより強くなるそうです。

もちろん、その頃の僕は何もわからないまま、ただ姪とふたりでご神事を受けていただけでした。

ところがある日、巫女様が僕たちの反応を見て、**「やっぱりなぁ、あんたはんの姪っ**

子はんもアンドロメダ星雲出身やわ。シリウスにも一緒に行ったんやなぁ」とおっしゃったのです。

そんなことがあった後、たまたま知人から「ギザの大ピラミッドの王の間の貸し切りツアー」に誘われ、巫女様の後押しもあったことから、僕と姪はご神事を行うために一緒にピラミッドに行くことになりました。

僕と姪がピラミッドの王の間で行ったのは西洋では「ハトホルの秘儀」と呼ばれているもので、男女がお互いの魂を重ね合わせる秘儀です。

それは、あのイエス・キリストを覚醒させたマグダラのマリアとの霊的融合そのものので、実はこのハトホルの秘儀こそ、祝之神事だったのです。

祝之神事は先にお伝えしたとおり、皇太子が即位する際、現人神となるために受けられる儀式のことで、天皇家でもっとも重要なご神事でした。

この祝之神事のルーツは古代エジプト文明までさかのぼり、最初はピラミッドの王の間で行われ、男女が愛魂を重ね合わせる秘儀として後世に引き継がれたということです。

そして、後の時代になって、イエスもマグダラのマリアとともにこの神事を王の間で執り行って神の子キリストとなり、キリスト教を広めたわけです。そして、この神事のことを西洋ではハトホルの秘儀と呼んだのです（ただし、フリーメーソンは、この神事を魂ではなく肉体を重ねることと誤解して、彼らは悪魔の道を進むことになりました）。

帰国後、この一連の出来事を、エジプトからの帰朝報告会として東京の会場で講演することが決まっていました。

講演会には、僕の道場の門下生たちや出版関係の人たちがきてくれることになっていました。

事前に矢作直樹先生にもお声がけしたところ、矢作先生は間髪を容れず「はい、行きます」と言ってくださり、当日、忙しい合間をぬって会場に駆けつけてくれました。

矢作先生がこの講演会で、僕の人生にとって重要な出会いを授けてくださったのです。その出会いもまた、「最初の人びと」を救うために必須だったのです。

直感で必要な人がわかるようになる

先にお伝えすると、エジプトからの帰朝報告の講演会で僕が出会った重要な人物とは、今、東京で僕の秘書をしてくれている女性のことです。

彼女は矢作先生と一緒に講演会場にきたのですが、挨拶したのは講演が終わってから開かれた懇親会でした。

当時、彼女はスピリチュアル系の出版社で編集の仕事をしていて、その日はたまたま仕事で矢作先生の研究室を訪ねていたのだそうです。

矢作先生が「興味があればご一緒に行かれますか?」と声をかけたところ、彼女も「ぜひ行きたいです」と、一緒にこられたということでした。

講演会には、僕のことを知っている複数の出版社の編集者たちも話を聞きにきてくれていました。講演が終わってから、そのうちのひとりが「おもしろい内容なのでぜひうちで本にしませんか」と声をかけてきてくれました。そうしたら「いや、ぜひうちから」「いやいや、うちから」という声が次々に上がったのです。

そのときはじめてお会いした彼女も、「うちは小さな出版社ですが、ぜひうちから出していただけませんか？」と手を挙げてくれて、ありがたいことに同時に4社からオファーをいただくことになったのです。

普通なら最大手の出版社にお願いするところでしょうが、僕は一瞬戸惑って、隣にいた姪の顔を見ながら「どうしようか」と言いました。

すると、姪は「明らかでしょう、伯父様」と言いながら、その目は笑っていました。

僕は自分の直感にしたがって「じゃあ、どうせなら一番若くて、綺麗な女性にお願いします」と彼女を指名して、他の男性編集者のオファーは丁重にお断りさせていただいた次第です（笑）。

そんなわけで、彼女に僕の本の編集をお願いすることになり、彼女が勤めていたヒカルランドから『伯家神道の祝之神事を授かった僕がなぜ　ハトホルの秘儀 in ギザの大ピラミッド』と、『古神道《神降ろしの秘儀》がレムリアとアトランティスの魂を蘇らせる時』の2冊を刊行していただくことになったのです。

その後、事情があり会社を退職することになったそうで、挨拶にきてくれた彼女に僕は「これからどうするの？」と尋ねました。

すると「実家のある秋田に帰ろうかと思っています」と言うので、彼女に秘書業務をお願いすることにしたのです。ちょうど、東京での仕事も増えてきて、自分ひとりではむずかしくなっていたときだったので、僕にとっても彼女がサポートしてくれたら百人力でした。

そのオファーを快諾してくれた彼女に、今現在もずっとお世話になっていて、足を向けては眠れません（笑）。

これだけ聞くと、ただ単に「いい人材が見つかっただけ」という感じがします。ですが、実は彼女と僕の魂は偶然出会ったわけではなかったことが、後々判明したのでした。

身を挺して司令官を助けたパイロットの魂

東京の秘書をしてくれている女性は、出版社に勤めているときに僕の本の編集担当をしてくれたので、それがきっかけとなり、伯家神道のご神事にも一緒に参加するようになりました。

そんなある日、巫女様が僕と彼女の関係についても教えてくださったのです。

巫女様は、「彼女はあんたはんと同じシリウスからきた魂やけど、非常に苦しい状況を経て地球にきてはる」とおっしゃいました。

巫女様はご神事を受けているときの彼女の反応を見てそうおっしゃったのですが、それからしばらくして、**僕自身の記憶も鮮明によみがえってきました。**僕と彼女の魂のつながりがはっきりと理解できたのです。

シリウス宇宙艦隊の司令官アシュターである僕（本体の魂）は、実体のある宇宙船に乗って地球を訪れました。

まず、主たるピラミッドのグリッドを外し、そして次に、自分の分霊としてライオンに魂の一部を入れました。

任務が終わり、宇宙船でシリウス宇宙艦隊に帰還する際、アシュターの乗った宇宙船が、ニビルの残党たちからミサイル攻撃を受けたのです。

絶体絶命とも思われる状況のとき、宇宙艦隊のほうから応援がやってきました。たくさんのパイロットが、小さな戦闘機のような乗り物で援護してくれました。ですが、僕の乗っていた宇宙船が完全にロックオンされ、今にもミサイルが激突しそうになったのです。

そのときです。護衛の戦闘機の1機がミサイルに向かって体当たりをしていきました。司令官を守るために、命を懸けてくれたのです。

実は、秘書を務める彼女は、その戦闘機パイロットの魂を引き継いでいたことがわかったのでした。

この記憶がよみがえったとき、今の僕が完全に秘書を信頼して、芯の強い彼女に対していつも頭が上がらない理由がとてもよく理解できました。

これまで僕は、「自分に対する誹謗中傷などはない」と勝手に思い込んできました。ですが現実はそうではなかったのです。

本当は、僕が傷つくような手紙や情報などが僕へ届かないように、事前の判断で彼女が適切に対応しながら取捨選択してくれていたのでした。だから僕はいつも心地よく、にんまりしていられたのです（笑）。

彼女のおかげで本来の仕事に打ち込めてきましたし、執筆活動や講演会でも本当に伝えないといけないことをお伝えできてきました。それもすべて彼女が優秀な護衛官だからなのでしょう。

このように、とりわけ過去の記憶が鮮明によみがえってからは、「あぁ、彼女は今も体を張って敵の攻撃からずっと守ってくれているんだ」と自然に感謝できるようになって、矢作先生や姪らと同じく、秘書とも昔からの関係が今も同じように続いているんだと実感しています。

今生での関係は地球にきた当初から同じような関係であったか、あるいは、異次元で同じような関係を築いている可能性が高いということでもあります。

東京の秘書のように僕の仕事を手伝ってくれている他の秘書の女性たち、そして僕の大学の教え子たちも、おそらくみな同じシリウスの魂たちで、だから僕がまったく緊張しなくてすむのではないかと思います。

実際に、今僕がおつき合いしている人たちは、僕がいつも自然体でいられる人たちばかりが残っています。

おそらく、シリウスの宇宙艦隊で一緒に行動をともにした仲間たちで、僕は地球に封印されたその人たちを迎えにきたのかもしれません。

魂の本質は「足」にあり

実は、巫女様、姪や秘書だけでなく、シリウスからきた「最初の人びと」である3000人の魂を現世で宿しているのは、どうも女性の人が多いようです。

その見分け方は、僕をストレスなしにそっと助けてくれるというものですが、最初にピンとくるのは「足」を見たときです。

実際、**魂の本質がもっとも露出しているのは足である、というのは、古神道やカトリックのいい伝えにもあります。**

パリのルーヴル美術館に、魂が肉体から旅立つシーンを描いた、すばらしい名画があります。それは、18世紀後半に活躍した新古典主義とロマン主義の折衷画家アンヌ＝ルイ・ジロデ＝トリオゾンが描いた、『アタラの埋葬』という作品です。

足にしがみつき、失われたぬくもりを感じようとしている男性の姿が印象的です。

日本では徳島県鳴門市にある、世界26ヶ国約1000点の陶板名画を展示する大塚国際美術館に、この絵の陶板画がありますので、ぜひ一度訪れてみてください。

僕も「この人はシリウスの人だ……」とわかるときは、大抵、足を見たときに気づきます。特に伯家神道のご神事を受けるようになってから、明確にわかるようになりました。

ただ、**シリウス人の足とそれ以外の人の足に、いわゆる3次元的な差異はあり**

ません。俗にいう美脚であるかどうか、という点でもありません。細い足、太い足、長い足、短い足といろいろです。

僕は出会った人の足を見ては「この人は……」となんとなく雰囲気の違っている方、特に女性の方に声をかけるようになりました。

通常、男性から声をかけられて、「はい、喜んで」と言ってくださる女性は少ないと思います。

ですが、僕が「京都の由緒ある神社で特別なご神事が行われていて、誰でも参加できるわけではないんですが、僕はたまたまご縁をいただいて参加しています。

拝見したところ、あなたはご神事を受けるにふさわしい方だとお見受けしたので、よろしければご一緒に参加されませんか？」と、声をかけたところ、これまで100パーセントの確率で、どなたも「はい、行きます」と答えられました。

多くは若い女性たちで、今の社会にどこか居心地の悪さを感じていらっしゃるようでした。

そうして僕が声をかけた女性たちは、みんなご神事を受けるために京都の神社に通われるようになったのですが、本来、ご神事を受けるにあたって巫女様からは、「伯家神道のことも、祝之神事のことも絶対に他言してはいけない」と言われていました。ですから、参加する人は厳選されていましたし、誰もがその教えを守っていました。それなのに、僕が次々に新しい方をお連れするものだから、諸先輩方からは「何事か」と思われていたに違いありません。

ですが、巫女様からは「いぁー、あんたはんのおかげでこんな若い子らが興味を持ってくれて。えらいにぎやかになって、ええことやわ」ととても喜ばれました。なぜか巫女様はそれを快く歓迎してくださったのです。僕は調子に乗って男性にも声をかけ、僕の誘った人がどんどん増えていきました。

最終的に、ご神事に参加する女性の数は、総勢20人くらいになりました。おそらく、みなさんシリウスからきた魂で、郷愁の念を抱かれている方も少なくないのではと思うのでした。

Part 3

シリウスへ還る方法

2022年、始動のサイン

ここまで地球に起きた真実と、そこに封じられている魂についてお伝えしてきましたが、そもそも僕が「最初の人びと」について公表しようと強く思うようになったのは、先述しましたが2022年に入ってからです。

これまでも、毎年のように神様からなんらかのお役目を与えられてきたのですが、前年末からは特に何もなかったので「東北の北斗七星の結界を張り直したからもう解放されたのかな⁉」と、少々気の抜けた感じでいました。

ところが、2022年の年が明けてから数日後の朝、目が覚める瞬間にふっと「アッ、今年はUFOや宇宙人に関して僕自身のことをすべて公表しなくちゃいけない」とひらめいたのです。

ただ、UFOや宇宙人についてはこれまでにも断片的にはお伝えしてきているので、単純にまとめるだけではインパクトがないなぁと思っていました。すると、それからすぐに背中を押されるような出来事がありました。

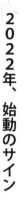

それは、同年1月12日、僕が私用で岡山に帰ったときのことです。用事の合間、たまたま30分ほど時間が空いたので、市内の丸善書店に立ち寄りました。

店長さんが僕のことをご存じのようで、なんと僕の著書を全部そろえてくれているではありませんか。僕はうれしくなり、店員さんに許可を取りながら、著書が並ぶ本棚の写真を撮ったりしていました。

そうしていて、ふと何げなく本棚の上を見たら、何やら分厚い表紙の本があることに気づいたのです。「なんだろう……」と思って手に取ってみました。

それは、『マンガ202X年の大予言』（監修・及川幸久、作画・黒須義宏／ビジネス社）というタイトルの本でした。

マンガなのでとても読みやすく、なんとなくパラパラめくっていました。

次第に「あれ？」「あれれ？」と、本をめくる手が速くなっていきました。

なぜなら、「この本に描かれていることって、僕の人生と似ている」と思えてきたからです。

主人公が小学生のときにオレンジ色の葉巻型のＵＦＯを見て、そのＵＦＯに乗っていた宇宙人が彼に何かを伝えるのですが、彼はそれを忘れてしまいます。それからその少年は多くの不思議な体験をすることになるのです。

その本を読んでいるうちに、僕はまるで自分のことが描いてあるとしか思えないような内容に驚き、戸惑いました。

その本では、宇宙人と地球の国際政治の関係についても描かれていました。

・中国共産党やロシアの政治家幹部、世界を動かしている大富豪などは、ウォーク・イン、つまり宇宙人に憑依されている。

・姿は人間にしか見えないようにしている悪い宇宙人もいて、それらは爬虫類《はちゅうるい》系の姿をしている宇宙人、いわゆるレプタリアンで、彼らは戦争が起きるように操作するなど地球を混乱させている。

・各国の指導者や大富豪などの背後にレプタリアンがいて、彼らを操作していることを突きとめて、それを阻止しようとしたドナルド・J・トランプが大統領になったが苦戦している。

・ジョー・バイデン率いる民主党にはレプタリアンが入り、トランプ陣営にはプレアデス系、アンドロメダ系などが入って戦っている。

・かつてオレンジ色の葉巻型ＵＦＯを見た少年は、大人になって合気道の達人になっている。合気道は宇宙人にも通じ、主人公が窮地に陥ったときには合気道の師匠が手助けをしてくれる。

・いよいよ最後に、彼が少年の頃に見たＵＦＯに乗っていた宇宙人が現れる。それはアンドロメダ星雲からやってきた女神のように美しい宇宙人で、適切な人たちを選んで背後から手助けをする。

・その宇宙人が直接手をくだして、悪い宇宙人の悪だくみを阻止するのは簡単だけれど、宇宙の協定でそれは禁じられているので、彼らは志の高い人たちをサポートしている。

と、こんな内容でした。主人公やまわりの人たちが身につけている武術が、なんと合気道なのです。

ここまでくるとあまりにも僕と共通していたので、「やっぱり、これ僕のことじゃないの⁉」と思いながら、その日は興奮のあまり2、3時間しか眠れませんでした。まるで、「始動するときがきた」と告げられているような、そんな気分になったのです。

トランプ元大統領顧問との出会い

その後、さらにおもしろいことが起こりました。

僕がそのマンガ本を読んだ翌日は、明窓出版の社長さんと一緒に羽賀《はが》ヒカルさんの事務所に行く予定になっていました。打ち合わせの休憩中、僕は興奮気味に昨日読んだマンガの話を羽賀さんにしました。

すると、羽賀さんが驚いたように「えっ、そのマンガを監修された及川幸久《おいかわゆきひさ》さんが、今日の午後うちの事務所にいらっしゃいますよ」とおっしゃるのです。その偶然に僕もびっくりしました。

その日は、羽賀さんとの打ち合わせの後は別件があったため、僕は羽賀さんに、「監修者の方に時間があれば僕が会いたいと言っているとお伝えください」と伝言をお願いしました。そして羽賀さんと別れ、渋谷にある青林堂という出版社へ、次の仕事の打ち合わせに向かいました。

青林堂で、社長さん、副社長さんと打ち合わせをしていたら、僕の携帯が鳴り始めたので見ると、東京の知人男性からの電話でした。僕はおふたりに断って電話に出ました。

その知人の要件とは、「実は今、保江さんの YouTube や本を読んで、保江さんにすごく興味を持っている知り合いの男性と一緒にいるんです。どうしても保江さんにお会いしたいと言っていて。今、六本木にいるのでこられないですか?」というものでした。

僕は、「いや〜、今は打ち合わせ中だから、ちょっと無理です」とお答えしたのですが、その知人は「その男性はもうすぐアメリカへ行ってしまうんです」とおっしゃいました。

なんでも、**彼は日本人で唯一、トランプ氏がアメリカ合衆国大統領だったときの顧問のひとり**で、もうすぐアメリカに戻るらしく、今しか会えないとのこと。

困っていたら、「どうしても今日こられないなら、今電話を代わります!」と言うではありませんか(笑)。

――そんな、初対面の人と電話でどう話せばいいかわからないよぉ、と思いましたが、これもご縁と思い、「じゃあ、ご挨拶程度なら……」と電話を代わってもらいました。

電話に出たその男性は誠実そうな声で、「はじめまして」と挨拶してくださいました。

ですが、やはり特段話題がありません。

何か共通点はないかと考えていたとき、僕は昨日読んだ『202X年の大予言』に、現役だった頃のトランプ大統領のことが描いてあったのを思い出しました。そのことを話題に出したところ、その電話口の男性が「ああ、あの本ですね」とおっしゃったのです。

僕は「ご存じなんですか？」と尋ねると、彼はこう答えました。

「はい。実は、**あの話のネタ元は私なんです。**私が顧問をしていたトランプ大統領や他の要人に会って話しをするときに、（監修者の）彼に英語の通訳をお願いしていたんですよ。

私が要人に会った場には、通訳として彼が同席しているので、もちろん、全部話を聞いています。おそらく**彼が書いていることの中には、そのときに知ったこと**が含まれているでしょうね」

僕は驚いて、「じゃあ、あのマンガの情報はアメリカの要人しか知らないような、かなりの機密情報が元なんですか？」とお尋ねしたところ、彼は「そうです」と答えてくれました。

一冊の本でこんなにシンクロニシティ（意味のある偶然の一致）が続くとは、僕もまったくびっくりです。

電話で聞いたその男性の話が大変興味深かったので、やはり彼がアメリカに行く前に直接会う約束をしました。そして同年2月に東京でお会いできたのです。

彼は、いわゆるエリートコースを進んできたタイプでしたが、政治に精通していて非常に博識でした。もともと某宗教団体の政治部門のリーダーとして活躍していたのですが、団体の内部事情によってアメリカに行くことになったそうです。

その後、その人柄と優秀さを買われて共和党の有力者から声をかけられ、当時アメリカ合衆国大統領だったトランプ氏の顧問団の一員となって活躍されました。日本人は彼だけだったそうです。

トランプ元大統領と一緒に並んだ写真も見せてくれました。確かに、彼はアメリカの有力者たちにも引けを取らない存在感を放っていました。

お会いすると、アメリカの名だたる政治家や、世界の要人から高い評価を得ているのもうなずけます。

それだけ優秀なのでしょうが、彼は、自分が苦労なく育ってきている者として、社会のお役に立たなくてはならない、という義務感を持っていました。つまり、社会的責務として、世界の要人たちをサポートする立場についているようでした。

僕が「夢は地球防衛軍を創ることです」と言ったら、彼も「志は一緒ですね」と意気投合して、その後もまたお会いする約束をしました。

3000人を解放するもうひとつの方法

まるで僕がモデルのようなマンガが出版されていたこと自体も驚きですが、そのマンガのネタ元である方とお会いした後、改めて理解できたことがあります。

それは、**ロズウェル事件で生き残った宇宙人エアルが、地球に捕らわれたままの3000人を救う方法として、「グリッドを破壊してバリアを無効にすること以外に、ひとつだけ方法がある」と語っていた内容について**です。

これをお伝えするために、この本は生まれたのです。僕がこれまでやってきたことは、すべてここに通じているのだと感じます。

宇宙人エアルが伝えた方法とは何かというと、**自分はシリウスからきた宇宙人由来の魂であることを思い出す、確信するということ**でした。そうしない限り、自力でグリッドから脱出することはできない、ということでした。

つまり、僕が自分の魂のルーツを思い出して確信できたように、自分の本体が宇宙で生まれた不死の魂であることを思い出し、どうすれば今のいびつな物質社会という魂の牢獄から脱出できるのかに気づくこと、それこそが、**個人にできるシリウスに帰還するための唯一の方法**だということです。

この点に関して、宇宙人エアルとテレパシー交信をした女性看護師（マチルダ・オードネル・マックエルロイさん）も、極秘資料（『エイリアン・インタビュー』）の最後に追伸としてこのように記しています。

彼らは「旧帝国」の記憶消去と洗脳オペレーションについて知らされなければなりません。彼らは自分の過去生のことを思い出す必要があります。

これが起きる唯一の方法は、コミュニケーションを取り、協調し、反撃することです。

私たちは他の人に話さなければならない、そして彼らはお互い堂々と隠さずに議論をしなければならない。

秘密主義と抑圧に対する唯一の効果的な武器は、コミュニケーションです。

もし地球の人びとがここで本当は何が起きているのかを知れば、彼らは自分が誰であるのか、またどこからきたのかを思い出し始めるかもしれません。

私たちは再び自由になれます。

私たちは再び自分自身であることができます。


シリウスの魂たちが再び自由を取り戻して母星に還るためには、自分が誰であるのか、それを知ること、そしてそのためには、同じ魂同士がつながり合うこと。

だから、僕のところにもシリウスの魂たちが集まってきているのだと思います。


さらに、それと同時に知るべきことは、地球には昔から**「善い宇宙人（高次元な存在）」と「悪い宇宙人」**がいて、そのため地上でも善と悪の戦いがずっとくり返されている、その裏の歴史です。

要するに、戦争や紛争が絶えないのは人間が愚かなだけでなく、その背後に悪い宇宙人がいて人間同士を分断し、互いに争い合うようにコントロールしているからです。

悪い宇宙人というのは、宇宙人由来の魂を含めて、地球人を洗脳・奴隷化し、自分たちの都合のいいように一元的にデジタル管理しようとしている勢力。

それに対して、地球にいる人びとの魂を解放し、地球の滅亡を防ぐためのサポート隊のような存在が善い宇宙人です。

悪い宇宙人は爬虫類系のレプタリアンで、それに対抗しているのがプレアデス系やアンドロメダーシリウス系の宇宙人です。レプタリアンが今後どこにコミットしてくるかというと、おそらくそれは日本でしょう。

なぜなら、日本には天皇陛下を中心としたシリウスの魂が多く、かつ、地球の危機がいっそう迫っているからです。

地球の危機「太陽フレア」で脳が壊れる

地球に捕らわれている魂に迫る危機のひとつが、太陽フレアです。これも2022年になって急にマスコミが取り上げ始めました。

太陽フレアとは、太陽の表面で起こる爆発現象のことです。

大規模な太陽フレアが発生すると、地球は深刻な磁気嵐に見舞われ、電子機器など社会インフラに甚大な被害を及ぼすだけでなく、人体にも大きなダメージを与える可能性があります。

ニュースで「太陽フレアのせいで電子機器になんらかの異常が現れるかも」という話を聞いたことがあるかもしれません。電子機器が異常をきたす、ということは、私たちの脳や心臓も異常をきたす可能性がある、ということです。

脳や心臓は電気信号で動いています。それが狂ってしまうかもしれない、ということです。突然、人格が変わったように暴力的になったり、健康だった人が心臓発作を起こしたり、という、怖い事態も容易に想像できます。

アメリカ航空宇宙局（ＮＡＳＡ）によると、太陽活動の活発化はすでに始まっており、２０２２年2月頃からは連日のようにコロナ質量放出（プラズマの塊が太陽から放たれる現象。人体に悪影響を及ぼす）が観測されています。

次に大規模な太陽フレアが起こるとすれば２０２５年7月頃になると予測されることから、日本政府も今後宇宙天気予報の精度向上に努めると発表しています。

『奇跡のリンゴ』で知られる木村秋則さんはＵＦＯの中を見たことがあるそうなのですが、そのＵＦＯの中で地球最後の年があと少しだと知ったそうです。

もしかすると、この大規模な太陽フレアによって地球が壊滅的な被害にあうことを指しているのかもしれません。

あるいは、今の国際情勢を見ていると、善い宇宙人が懸念しているような人類の核戦争が起きてしまう可能性も否定できません。

それまでに記憶を呼び覚ましたいですよね。でも焦らないで大丈夫です。

逆にいくら知識や情報を詰め込んでみても、それだけではただの脳の記憶（暗記）に過ぎないので、魂の覚醒は起きないでしょう。

魂が目覚めるには、たとえば、僕のように死線をさまようような体験をするとか、超常現象に遭遇したり超能力を感得したり、あるいはまったく認識が覆されるような衝撃的な真実を知るなど、よほど強烈な体験をしないとむずかしいと思います。

今はスピリチュアルな情報がたくさん飛び交っていますが、実際に魂の目覚めが起きている人が増えているとは思えないのは、それが単なる知識の暗記や羅列に終わっているからではないでしょうか。

いくらスピリチュアルな分野の有名人を追っかけたり、宇宙人情報を集めたりしたとしても、それが単に自分の好奇心や承認欲求を満たすためだけでは、「自分は魂そのものなんだ」という確信には至らない……。

自分自身が魂の存在であることを確信するためには、**魂と魂が感応し、自我や我欲を手放さざるを得ないような、強烈な体験をすること**が必要です。興味本位の雑多な情報はむしろその妨げになるということです。

世界的フリーエネルギー研究家から託された資料

「シリウスへの帰還方法」が僕の中ではっきりし、今後、必然的にＵＦＯや宇宙人とのつながりも増えるのではないかと思っていたら、案の定、そんな機会が増えてきました。

それも僕が探し当てたわけではなくて、人づてに先方から連絡を取ってこられてはじめてお目にかかる人です。

そうした人たちも、これまではほとんどはお断りをしてきていたのです。お会いするのは、だいたい20人にひとりくらいの割合でした。

はじめての人とお会いする場合、まずは先述した東京の秘書が判断してくれて、彼女が「この方はどうですか?」と聞いてきたときや、信頼できる知人からのご紹介という特別なときにだけお会いしてきました。それでも、なんとなく会ってみたいと思った人だけです。

つい最近お会いしてとても驚いたのが、広島で反重力やＵＦＯの研究をされている男性でした。

正直なところ、彼に会う前は「どうせ大した話じゃないだろうけど」と思っていて、たまたま他に広島方面に行く用事があったので、そのついでにお会いすることにしたのです。

ところが、実際にお会いしていろいろと話を聞き、たくさん写真や資料を見せていただいたら、それがすごい内容だったのです。

お見かけしたところ、その方は僕よりもずっと年上で、80歳を過ぎている感じでした。

そして、僕と同じように、小さい頃ＵＦＯを目撃したことがあるそうです。それがきっかけで、フリーエネルギー（永久機関）研究家として、長年にわたり反重力物質やUFOに関する研究を行ってきたそうです。実際にその分野の世界的な科学者たちとも会っていて、僕にその証拠の写真を見せてくれました。

その写真というのが、アメリカ空軍の秘密基地「エリア51」に勤務中、宇宙人技術によるUFOの推進装置を開発していたことを暴露して世界に衝撃を与えたボブ・ラザー博士や、旧ソビエト連邦より半年も早く水爆実験を成功させ「水爆の父」と呼ばれたエドワード・テラー博士らと彼が一緒に並んで写っている写真です。

他にも、「ハチソン効果」で知られるカナダの発明家ジョン・ハチソン氏とも交流があったそうで、その写真も見せてもらいました。

ハチソン効果というのは、金属などの物体に高周波・高電圧の電流を流すことで強力な磁場を発生させると、その金属が常温でねじれたり、浮かんだり（反重力）、消えたりする（透明化）という通常ではありえない現象を引き起こすことです。

これは、ハチソン氏が組み立てた高電圧装置と静電高電圧発生装置（テスラ・コイルとヴァン・デ・グラフ起電機）を使うことで、特殊なプラズマが発生しているのが原因ではないかと考えられているのですが、アメリカの国防総省や軍事産業がこのハチソン効果の発生装置に目をつけて、実験データをアメリカに持ち帰ったといわれています。

僕がお会いした男性は、若い頃にそのハチソン氏とも会ったことがあるそうで、一緒に写っている写真やハチソンの研究に関連する未公開資料もたくさん持っていました。

僕も「エリア51」には何度も行きましたが、想像以上に警備が厳重です。深夜にアメリカ空軍のジープに追跡されたりして、それ以上は立ち入ることができませんでした。

ところが彼は、ラザー博士やテラー博士らの口利きで、なんと「エリア51」の施設の中に入ることができたそうです。

さすがに中の撮影はNGだったのですが、彼は身につけていた隠しカメラで、エンジニアがUFOを調整している現場をこっそり撮影しました。臨場感のあるその写真も見せてくれたのです。

UFOが浮かぶ動力源と月の関係

さらに驚いたのは、彼はトップシークレットに関わる関係者たちのつてを頼って、月の裏側まで行ったことがあるそうです。そこでは撮影が許可されたので、月の裏側で何が行われているかがわかる証拠写真を僕に見せてくれました。

彼によると、**月の裏側には「反重力リアクター（115番元素＝モスコビウム）」と呼ばれている重力に反発する性質（斥力）を持つ物質があって、宇宙人がそれを発掘しているら**しいのです。

115番元素は、地球上ですと天然には存在しない放射性物質です。

かつて、ラザー博士自身も、UFOが浮かぶ動力源は、反重力リアクターであると証言していて、それは115番元素と呼ばれていると解説しました。

そのように、エリア51で実際に反重力リアクターの研究をしていた科学者たちによると、「UFOが浮かぶのは、115番元素が使われているから」ということがわかっているそうです。

実は僕も、原子炉のような実験装置によって115番元素を人工的に取り出し、反重力装置を動かしている、と、そこまでは知っていました。

しかし、115番元素は人工的に作り出すことはできても、取り出した瞬間に消えてしまうくらい不安定で、地球上では長時間存在できません。

ところが彼の証言によると、月の裏側にはその反重力作用のある115番元素がたくさんあって、それを宇宙人たちが発掘採集してUFOの動力源として利用しているというのです。

僕はこの話を聞いた瞬間、50年来のある疑問が解け、「そうか、それならよくわかる！」と納得しました。すると彼に、「だからあなたを呼んだんですよ」と言われました。

僕が長年抱いていた疑問とは、月の動きの謎についてでした。

月は地球から見たときにいつも同じ面を向けていて、月の裏側は地球からは決して見ることができません。

地球から見えるのは月の表面の6割ほどで、その理由として月の表側には鉄などの重い物質が多く存在し、裏側は軽い物質でできているからだと考えられています。

月は公転と自転が一定の周期を保ったまま、なぜか常に（クレーターの分布がウサギの形に見える）表側だけを地球に向けた状態で存在しています。地球から見えない裏側の４割部分が少しずれたとしても、またもとの状態に戻ってしまうので、常に表側の６割ほどが見えているのです。

しかし、このような天体（衛星）は宇宙・自然界には他にありません。どんな天体も周囲の宇宙物理学的な変化の影響を受けて、回転方向が必ず少しずつずれてくるからです。

要するに、**月は自然界にはありえない、物理的に説明できない不思議な動きをしている**のです。そのため、月は自ら動力源を使って微調整をしているのではないかという「人工天体説」や、月の中は空洞になっているという「空洞説」などがまことしやかに唱えられてきました。

ところが、もし地球から見て月の表側（ウサギ側）には重力が働く物質があり、裏側に重力に反発する物質があれば、**月の表側が常に地球に引っ張られている状態になり、逆に裏側は地球から遠ざかろうとする力が働いている状態**になります。

これで月の不可解な動きは、何の疑問も残さずに説明することができるではありませんか。

きわめて説得力のある話がもたらされたために、ＵＦＯが浮かぶ理由と、50年来の宇宙の謎が解けたのです。

善い宇宙人と悪い宇宙人の動きが活発になる

そうか、「月は月の裏側に反重力元素があることを自ら証明していたんだ！」

僕がそう気づいて納得したのを確かめるように、さまざまな情報を提供してくれた男性は、「自分が持っているすべての情報や写真などの資料を保江さんに提供するので、本を出してほしい」と言われました。

僕は「いやいや、人の業績で本なんて書けませんから。何でしたら出版社をご紹介しますので、ご自身で本を出されたらどうですか」と答えました。

ところが彼は、「いや、こんなことを本に書いたら危ないんだよ。だから君に頼みたいんだ」とおっしゃいました。

「じゃあ、僕も危険になっちゃうじゃないですか（笑）」と僕は笑いました。

すると、「いや、君は完全に守られているから、絶対に大丈夫！　君しかいない。

君が出せば絶対に誰も手を出せない」と断言されたのです。

僕は内心「ほんまかいな⁉」と思ったものの、これも何か意味があるのかもしれないと思って、彼が渡してくださった資料をすべて受け取りました。

というのも、彼は、著名なマジシャンたちの教育にも関わったことがあり、超能力にも精通していたことから、彼もまたシリウスから地球にきた３０００人の中のひとりに違いないと思ったからです。

そうでなければ、そんな稀有な体験をしたり、世界的なトップシークレット情報を手に入れたりすることもできないでしょう。

ところで、僕がその方から見せてもらった写真に写っていたのは、宇宙人ではなく、アメリカ軍の宇宙飛行士が１１５番元素を採集しているところでした。

このことからも、この話は巷に出まわっているようなただの陰謀論ではなく、本当のことで、真実はこれまでずっと隠されてきたということがわかります。

実際に、ここ数年、各国の元閣僚や軍関係者たちがこれまで隠されてきたＵＦＯや宇宙人情報を次々に開示し始めています。

たとえば、カナダの元国防相ポール・ヘリヤー氏は、地球にはすでに数種類のエイリアンが紛れて暮らしていることや、イルミナティによる支配構造は実在し、化石燃料のいらないフリーエネルギー技術も彼らによって隠ぺいされていることなどを暴露しています。

また、「ディスクロージャー・プロジェクト」のスティーブン・グリア博士なども、影の政府が人造のエイリアン「グレイタイプ」や、地球製UFOを大量に生産していることについて関係者からの証言を得て公表しています。

すでに地球製のUFOが完成しているのは、まさにこの115番元素を動力源にしている証拠です。

ちなみに、グリア博士が中心となって証言者たちのドキュメンタリー映画も制作していて、その中には『シリウス』というタイトルの映画もあるようです。

これは、善い宇宙人と悪い宇宙人の両陣営の動きが活発になってきて、もう隠しきれないところまできているからでしょう。

とりわけ、**僕の記憶が2022年に入ってから鮮明によみがえってきているのも、**

もう地球上の時間の余裕がなくなってきているからだと思います。

今回こそ、魂の牢獄下に置かれてきたシリウスの魂たちを解放するために、これまで隠されてきた「宇宙人に関する情報」をお伝えしなければいけない、ということだと思います。

Part 4

魂がシリウスとつながり、すべてが変わる

シリウスの魂を持つ人たちの特徴

長引く新型コロナウイルス騒動と、それに合わせたワクチン開発。さらに、核戦争に突入する可能性も否定できない今の危うい国際情勢。こうした背後でくり広げられている宇宙人同士の戦いもいよいよ佳境に入ってきているようです。

ということは、「最初の人びと」である３０００人のシリウスの魂たちを、できるだけ早く救出しないと本当に間に合わなくなるかもしれません。

そこで、ここからは、シリウスの魂たちに少しでも早く覚醒してもらうための方法について、僕なりの考えを述べてみたいと思います。

今回の本で編集部の方々といろいろな話をしていて、僕がふっと気づいたことがありました。

それは、シリウスの魂たちに響く方法として、マンガやアニメがいいのではないか、ということです。

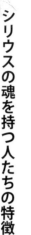

というのも、シリウスの魂を持つ人たちには、次のような共通点があるように思われるからです。

- 敏感または繊細なタイプで、この地球上では生きづらさを感じている
- 自分のことよりも他人のことを優先しがち
- 子どもが喜ぶようなことに胸躍らせる無邪気さや素直さを持っている
- お金に執着がなく、精神的なことにとても関心がある
- 今の社会に違和感を抱いている
- 果てしない宇宙空間や特定の惑星に惹かれる
- 人間よりも自然や動植物とのふれ合いを好む
- どちらかというと右脳タイプ
- よく直感が働き、神秘体験をしたこともある
- 霊感やスプーン曲げなどの超能力がある
- 自分をさらけ出せるような友達が少なく、孤独感がある
- 映画やファンタジー、夢や希望のある物語に強く惹かれる

このような特徴を持つ、宇宙人由来の魂にダイレクトに響くもの――。
それは、文字で表現されたものよりも、マンガやアニメ、映画のようなエンターテインメント（エンタメ）です。

エンタメほど簡単に、かつ一発で見た人を変えられるものはこの世にありません。

誰でも、人生が変わったという作品が、ひとつくらいはあるのではないでしょうか。「最初の人びと」に起こったこともマンガにして、それを見てもらえれば、もっとダイレクトに魂に響くのは間違いない、と思いました。

イントロダクションのマンガはすでにご覧いただいていると思いますが、「いいな」と思ったり、何か引っかかるものがあったりした場合は、ぜひ、くり返し読んでください。

このマンガは、あなた自身の物語なのです。

強烈なインパクトを与えたある小説

そしてもうひとつ、日本人が気づかなくてはいけない、とても大事なことがあります。

それは、**「本当は、自分という存在は何ものにも拘束されることのない自由な魂であるのに、長い歴史の中でその真実を忘れさせせられている」**ということです。

忘れるように自分たちが洗脳されてきたのだ、と自覚することが大切です。

なぜなら、洗脳されてきたことを自覚して、はじめてその洗脳から目が覚めるからです。

ニビル系の宇宙人たちによって奴隷か家畜のように扱われてきた地球人の中で、とりわけ、シリウス系の魂が多い日本人がそのことに気づけば、人類の目覚めも起きやすくなって、それだけ地球の危機を回避できる可能性も高まるでしょう。

逆にいうと、日本人が魂の役割・使命に目覚めて、一人ひとりがそれを発揮していかなければ、人類はいつまでたっても魂の家畜化状態から脱することができないということなのです。もはやシリウスに還ることもできなくなってしまいます。

魂が目覚めるとは、魂の家畜化状態から自ら脱すること。

この点に関して、昔、日本で大ベストセラーになった『家畜人ヤプー』（沼正三著／幻冬舎アウトロー文庫）という小説が、とても参考になると思います。


主人公は婚約中の日本人青年麟一郎とドイツ人女性クララです。

ある日、ふたりは未来帝国ＥＨＳ（イース：白人女性が男性を支配する貴族社会で別名を大英宇宙帝国）人の乗ったＵＦＯ（タイムマシン）の墜落事故に巻き込まれ、未来帝国ＥＨＳに連れ去られてしまいます。

白人女性で元貴族の生まれであるクララは、ＥＨＳの貴族たちに同胞として迎えられますが、麟一郎は家畜人（ヤプー）として扱われます。クララは必死に婚約者を守ろうとしますが、いつしか自分も麟一郎をヤプーとして認識するようになり始めます。

ＥＨＳのヤプーたちは「白人に服従している」とは考えておらず、ヤプーとしての誇りを持って社会に貢献しています。ある者は犬として、ある者は椅子として、ある者は便器として。

やがて、クララはEHSの貴婦人としてふさわしい教育を受け、ヤプーの扱い方やその主人としての心構えを学びます。

一方、麟一郎はクララの従畜として徹底的に洗脳されます。結果的にもとの体に戻り記憶を消して地球へ帰還するよりも、家畜人ヤプーとして彼女に仕えることを決め、自らその立場を受け入れていくのです。

当時、この本は三島由紀夫《みしまゆきお》氏なども絶賛し、「日本文学史に不滅の金字塔を打ち立てた」と称されるくらい話題になり、その後、マンガ化されたりもしました。それだけ日本人の深層心理に訴えかけるものがあったのでしょう。

もしかしたら、何者かによって家畜化され、それを受け入れてしまったという過去の記憶が刺激されたのかもしれません。

家畜化されるのを自ら受け入れてしまうことを「自己家畜化」と呼ぶそうですが、だとすれば、自己家畜化した自分を、今度は意識的に解除することが重要です。

それができれば本来の自由な魂を取り戻すことができるはずです。

この本で宇宙人に関することをお伝えしているのも、真実をお知らせすることによって、日本人が騙されていたことに気づいていただくためです。

未来から過去へ送られる神様のサイン

自己家畜化という、いわばマインドコントロール状態を意識的に解除するためには、自我優先の物欲的な生き方ではなく、神様を味方につける生き方、美しい生き方をすることが必要になります。

これまで、そのような生き方について僕なりにご紹介してきたつもりですが、拙著『神様から愛される人になる　タイムデザインの法則』（ビオ・マガジン）などもその中のひとつです。

この本は、僕自身が体験して気づいた、時間に関する常識への反論を量子物理学の枠組の中でまとめたものです。

時間は、**過去→現在→未来ではなく、過去＝現在＝未来、**というふうに時間の発想を変えることで、神様の介入がどんどん多くなる。つまり、神様は未来を踏まえて今のあなたに必要なメッセージやサインを送ってきているので、それを受け取る準備をしておけば人生がまるごといいものになるのです。

ここで、参考までに僕の体験談をひとつ挙げておきましょう。

今から十数年前、僕ががんから復帰して、まだ講演会や本を出したりする前の話です。

下のお名前が僕の名字と同じ保江さんという女性が始めた、倉敷市の天然酵母のパン屋さんから講演依頼があり、そのパン屋さんで講演をすることになりました。

そのパン屋さんは味噌や酒造メーカーさんらと提携して、麹生活研究所を立ち上げていて、すばらしいお仕事をされています。

そこで講演をさせていただいたのですが、はじめて僕の講演を聞きにこられたという人たちが20人ほどいらっしゃいました。

その会場の一番後ろの席に、羽織を着て、まるで映画の金田一耕助《きんだいちこうすけ》のような恰好をされたご高齢の男性がいました。

その男性は、終始、僕のほうをじっとにらみつけるようにして講演を聞いていらっしゃいました。

質疑応答の時間になり、最後にその男性が手を挙げたので、「どんな質問されるんだろう……」と思っていました。

するると、「どうもお主の話を聞いていると、まだ自分の役割に気づいていないようだが、本当に気づいていないのか？」という質問をしてきたのです。

当時は、えっ、僕の役割？　そんな特別な役割なんてないけど……と思いながら、「僕はそういうのは鈍い男なので、ごめんなさい」とお茶を濁しました。

「やっぱりな。どうもお主は何もわかっていないようだから、俺が教えてやる！」と怒ったように強い口調で言われたので、僕は仕方なく「はぁ、よろしくお願いします」と返事をしました。

いったい何を言われるのかと思ったら、**「お主の役割は、今の皇太子殿下をお助けすることなんだぞ!!」**と、僕にとってはまったく想定外の言葉が返ってきたのです。

内心では「助けろと言われれば助けるけど、僕が直接お会いできる方ではないし、物理学者の僕が殿下をお助けすることなんて何もないけど……」と思いました。

でもこれ以上怒られたくないので、「わかりました。心に留めておきます」と適当に答えたのです。

その男性は、やっと納得したようで、会場を出て行かれました。

キツネにつままれたような出来事でした。でも、それ以降、僕の中に「皇太子殿下をお助けする」という言葉がずっと残っていて、その意味がわからないまま時は過ぎていきました。

ところがそれから数ヶ月後、はからずも先代の巫女様の代理の女性を介して伯家神道の祝之神事継承のお話をいただくことになったのです。

しかしながら、その巫女様にお会いするまで、僕は伯家神道のことも祝之神事のこともまったく知りませんでした。

あとで知ったのですが、ご高齢になられた巫女様が祝之神事の継承者を探していたときに、「宇宙の原理がわかっている物理学者」に焦点を当てたところ、真っ先に僕の名前が浮上したらしく、それで代理の女性を通して僕に連絡がきて、そこではじめて伯家神道の祝之神事のことを知ったのです。

正直に言うと、連絡を受けたときには、「もしかしたら変な新興宗教かも⁉」という疑念がありました。

迷っていたちょうどそのときに、皇室の侍医のおひとりでもあった矢作直樹先生から電話がかかってきたのです。僕は博識の矢作先生に「あのさ……、伯家神道の祝之神事って知ってる?」と聞いてみました。

すると矢作先生が、「えっ、祝之神事がまだ残っているんですか? 保江先生、それをご存じなんですか?」と大変驚かれた様子だったのです。

なんでも、**宮内庁では今まさに祝之神事を継承している人物を探しているところだ**ということでした。

矢作先生によると、晩年、昭和天皇の体調がすぐれなかったのは祝之神事をお受けになっていなかったからかもしれないとのことで、皇太子殿下(今上天皇)がご即位されるときまでに、なんとか祝之神事を継承している人物を探し当てようと宮内庁の若手が必死で全国中を探していたそうです。

ですが、どうしても見つからないので、過去の文献に基づいて秘儀を再構築するしかないと思っていた矢先に僕からこの話が出たので驚いた、とのことでした。

矢作先生がそうおっしゃるなら確かだろうと思って、一緒に京都の神社を訪ね、そこではじめて巫女様にお会いして祝之神事に参加させていただき、それ以降、僕は毎月岡山から京都に通うようになりました。それが今から10年ほど前の話です。

そして、**皇太子殿下が即位される直前の2018年11月30日、天皇家の筋の方のお力添えによって、皇太子殿下が京都伏見の明治天皇陵にお出になったタイミングで、祝之神事をお伝えすることができました。**

パン屋さんでの講演会のときには思いもよらなかった、「皇太子殿下をお助けする」という重大なお役目をなんとか無事果たすことができました。

あのときの金田一耕助のような恰好をされた男性の言葉は、まさに神様から与えられた未来からのメッセージだったわけですが、それは前もって知らされてはいたものの、そのことの意味は後々になってからわかったのです。

このように、神様はいつもにくい演出をされるのです。

神様はあきらめることを知らない

未来からの神様のサインといえば、２０２２年の2月にちょっと不思議な体験をしました。

僕が毎月通っている「業捨《ごうしゃ》」を群馬の前橋市まで受けに行ったときのことです。

いつものように、昼前に東京を出て車で関越自動車道を走っていたのですが、**運転中に、『虹と雪のバラード』という札幌オリンピックのテーマソングが、ふっと頭の中に浮かんできました。**

歌っていたのは、白鳥英美子《しらとりえみこ》さんと芥川澄夫《あくたがわすみお》さんで結成されたトワ・エ・モワというデュオでした。

「あぁ、いい曲だったよなぁ。出かける前にＣＤショップにでも寄って買ってくればよかったなぁ」などと思いながら、途中、昼食をとるためにサービスエリアに立ち寄りました。

そこで、何げなく店内を見ていたらCD販売コーナーを見つけました。「もしかして……」と思って探してみたのですが、トワ・エ・モアのCDは置いていなくて、仕方なくそのまま前橋市まで向かいました。

業捨の施術がいつもよりも早めに終わったときで、業捨の先生に、近くにCDショップがないか尋ねました。「3軒あるので案内します」と言ってくださったので、お言葉に甘えることにしました。

ところが、1軒目も2軒目もお目当てのCDは置いていなくて、半分あきらめていました。3軒目のお店でも見つからなかったのですが、業捨の先生が「これはどうですか?」といって白鳥英美子さんのソロのCDを見つけてくれたのでそれを購入しました。

帰りの車中で白鳥さんのCDをかけたら、ほのぼのとしたいい曲で、「あぁ、眠気覚ましに買っておいてよかったなぁ」と満足しながら東京まで戻りました。

翌朝、目が覚めたとき、**「でもやっぱりトワ・エ・モアの札幌オリンピックの曲が聴きたいな」**と思い、その日は岡山に帰る予定だったので、岡山に着いてからレコード店に行って探すことにしました。

ところが、街のレコード店の店員さんに聞いてもトワ・エ・モアを知らなくて、「ネットショップで探したほうがいいですよ」と言われる始末。

結局、家に帰ってアマゾンで注文し、そこでやっとお目当てのCDを手に入れることができたのです。


しばらくその曲ばかりを聴いていたのですが、そうこうしているうちに、翌月また業捨を受けに行く日がやってきました。

不思議なことが起きたのは、その日のことです。

前橋まで行くのにいつものように高速に乗って、途中のサービスエリアで昼食をとりました。すると**どういうわけか、食事をすませた後に足が勝手にまたCDコーナーのほうに向いてしまった**のです。

お目当てのトワ・エ・モアのCDは買ったので、もう必要ありません。でも、なぜかそこでいろいろなCDを手に取って見ている自分がいる。

そして、その中から1960〜70年代の懐かしの青春歌謡を集めたCDを手に取って、何げなくジャケットの裏面を見ました。なんと収録曲の中に『虹と雪のバラード』

というタイトルがあったのです。

僕は思わず「えっ⁉　なんや、ここにあったんや！」とびっくりしてしまいました。「あぁ、これは、神様がここにあったことを教えてくれたんだな」と思って、僕はそのCDを買って、車の中で聴きながら群馬に向かうことにしました。

と、ここまでの話を聞くと、『虹と雪のバラード』になんらかのサインがあったのか、と思いますよね。

ですが、**実は神様が聴かせたかった曲は、この曲ではなかった**のです。

シリウスコードとの出会い

サービスエリアで購入したCDから流れてくる曲の多くは、どれも僕にとっては懐かしい歌ばかりだったのですが、中にははじめて聴く曲もありました。

普段、僕は男性歌手の歌は好まないのですが、その歌は男性が歌っていました。なんだか声もメロディーも歌詞も全部よかったので、すごく気に入り、その曲を何度も何度もリピートしながら前橋まで行きました。

業捨が終わって、帰りの車中でも「なぜこんないい曲を知らなかったのかな」と半ば後悔しながらその曲を何度も聴いていました。

なぜこんなに強く惹かれるのか冷静になって考えてみたら、抑揚があって途切れのない歌い方。声もなんだか僕とそっくりです。

そして、2番のサビの最後の歌詞に、この曲を好きになったすべての要素がつまっているように感じました。

東京に帰ってからもよくその曲をかけていました。

そんなある日、僕の車に同乗していた東京の秘書が、「ああ、これ、中村雅俊《なかむらまさとし》さんの歌ですよね」と言ってきたのです。

「えっ、何、これ歌っているの中村雅俊なの⁉　なんで知ってるの？」と聞き返したら「うちの父が大ファンで、よく聴いていました。これ彼のデビュー曲ですよ」と説明してくれました。

そこで僕は、**僕が大好きになったこの歌が中村雅俊さんの『ふれあい』という曲だったことをはじめて認識した**のです。

彼女は歌詞も全部知っていて、「これ、まるで先生のための曲ですよ。寂しがり屋の人が好む歌詞だから」と言って笑っていましたが、確かに僕は中村雅俊さんとは少なからず縁のようなものがありました。

といっても、ご本人を直接存じ上げているわけではなくて、僕が学生時代、中村雅俊さんに間違われたことがあったのです。

それは、学生時代、僕が東北大学の理学部天文学科に通っていたときのことです。その日僕は、仙台からちょっと離れた石巻に用事があったので、仙石線に乗って移動していました。

すると、僕と同年代の見知らぬ男性が向こうから近づいてきて、「おい、雅俊、帰ってたのか⁉」と僕に声をかけてきました。

僕がきょとんとした顔をしていたら、「雅俊、お前、帰っていたんなら連絡くらいしろよ」と言いながら僕の隣に座ったんですが、そこでやっと「アッ、失礼しました」と人違いだと気づかれたのです。

当時、僕はテレビドラマで活躍されていた雅俊さんと同じようにラッパのジーンズをはいていて、長髪だったし、しかも、僕の親しい人から顔も声も中村雅俊に似ているとはよくいわれていたので、雅俊さんのご友人らしき人が見間違うのも無理はないかもしれません。

それにしても、僕が中村雅俊さんの『ふれあい』に強く惹かれたのは、やはり、彼の声の響きや歌い方、そして歌詞のすばらしさです。他の人が同じ『ふれあい』を歌っているのを聴いても、僕の中でそれほど響くことはありません。

でも、中村雅俊さんの歌い方は、ちょっとてれくさいような声でそれでいてやさしく語りかけるような口調、そしてさざ波のような途切れのない響きを放っている……。だから僕の心に染み入るのです。

トワ・エ・モアの『虹と雪のバラード』から始まって、中村雅俊さんの『ふれあい』に出会ったのも、きっと神様からのギフトだと思いますが、そこには**「シリウスコード」と呼べるようなある共通する美しい響き**があるのかもしれません。

だとしたら、その響きは、同じ星の魂を持つもの同士であれば必ず同期し、共鳴し合うはずで、魂が共鳴するからこそシンクロニシティが起きるのかもしれません。

ぜひ、魂の共鳴が起きるような、美しい響きを放っているシリウスコードを見つけていただきたいと思います。

Part 5

地球にきた目的と宇宙が上げる「のろし」

地球で人として「美しい生き方」を示すために

シリウス人が最初に地球にやってきたときの目的は地球の調査だと述べましたが、実は、巫女様からその話を聞いたとき、ほぼ同じタイミングで別の霊感のある女性からも「あなたはシリウスの宇宙艦隊の司令官です」と言われたことがありました。

その頃、僕は、宇宙艦隊司令官というのは『宇宙戦艦ヤマト』の沖田十三《おきたじゅうぞう》のような勇ましい艦長をイメージしていて、地球を守るために敵の艦隊と戦うのかなと思っていました。

ところが、その女性から「あなたは勘違いなさっています」と言われました。彼女が言うには「シリウスの宇宙艦隊司令官の主たる任務は、銀河系の中の未開の惑星、つまり文明が未熟な星を見つけて、その星の住人に愛を植えつけることです」ということでした。

その言葉を聞いて、僕は「あぁ、スピリチュアルに精通した人の表現だな」と思って、あまり深くは受け止めませんでした。

ですが、今思うと、その女性が「愛を植えつける」と表現したのは、人として美しい生き方を示すことであって、それがシリウスから地球にやってきた目的のひとつなのではないかという気がしています。

というのは、**シリウスからきた魂たちは、地球という星の中で肉体を持ったとしても、魂に正直に生きてさえいれば、人として美しい生き方になる**はずだからです。

しかし、そこで自我や肉体に縛られてしまうと、どうしてもみにくい生き方になりやすいのです。

おそらく、他の星からきた宇宙人由来の魂たちも、この星で肉体という器に入れられ、地球人として生きてきた中で、魂本位の生き方ができなくなったのではないでしょうか。それがひいては人類の家畜化につながっていったのでしょう。

ですがそこで、ブッダやイエス、ムハンマドなどの魂の指導者が現れて、人びとの魂の記憶を呼び覚ますことによって、人としての美しい生き方が示されてきたのです。

美しい生き方とは、弱い者や大切な存在を守り、助けることができるような、魂本位の生き方です。

魂から見れば、人間は歳を取れば取るほど人助けができるような美しい生き方が求められるわけですが、それはそもそも完全調和の側の魂がそのような性質を持っているからです。

ですから、美しい生き方さえできていれば、この世での地位や財産、見た目や肩書、人の評価などといった世俗的な価値はどうでもいいのです。

魂から見てもっとも大切なことは、たとえ自分の身や立場を投げうってでも、かけがえのない者たちのために、本当のこと、魂の真実を伝え、最後まで美しい生き方を貫いていくことです。

どんなに地味でも、目の前にあるすべきことをこなしていきましょう。

美しい生き方かどうかを、自分ではなく他者からの評価で判断している人を多く見かけます。人がうらやましがる生き方をすれば充実する、と信じているかのようです。

なんらかの虚しさを抱えているのであれば、かりそめの人生を歩んでいないか、と自分に一度問うことから始めてください。

ヤーハ副官との再会

魂本位の生き方をしている人たちは、地球にいてもシリウスコードでつながることができます。

僕が矢作直樹先生とはじめて会うことになったのも、そんな直感からでした。

それは、今から12年前の２０１１年のことです。

ある日、僕がなにげなく新聞を見ていたとき、新刊本の広告欄の左から2番目、一番目立つ場所にあった『人は死なない』（バジリコ）という書名がパッと目に入りました。

「えっ⁉」と思ってよく見たら、著者の肩書は、東京大学大学院医学系研究科・救急医学分野教授、名前は矢作直樹となっていました。

「へぇー、天下の朝日新聞もこんなタイトルの本の広告を載せるんだ！」と感心すると同時に、僕の中になぜか急にすごく懐かしい感情が込み上げてきたのです。

そのときは著者の名前を「ヤハギ」とは読めず、「ヤサクナオキ」だと思っていたのですが、**「君もがんばっているんだね。僕もここでがんばっているよ！」**という気持ちが湧き起こり、僕の存在を知らせなくてはと思って、すぐに東大大学院の住所を調べました。

そして、当時、僕が出したばかりの新刊本を封筒に入れて、手紙も添えずに「謹呈」と書いて、そのまま東大大学院の矢作直樹様宛に投函したのです。

そうしたら、その翌週、僕の大学研究室の郵便受けに、なんと矢作先生から封書が届いていました。

僕は、たぶんよく秘書が出すような「謹呈ありがとうございます」という返礼の定型文書だろうと思いながら、その封書を研究室で開封しました。

ところが、**その封書の文面にまだ目を通してもいないのに、なぜか急に感情が高ぶってきて、涙がバァーッとあふれ出てきた**のです。もう、涙も鼻水も止まらないほど感極まってしまいました。

自分でも不思議な感覚になり、冷静さを取り戻すために水道で顔を洗ってから、改めて矢作先生から届いた手紙に目を通しました。文面には「お贈りいただいたご著書は大変感銘深く読ませていただきました」とお礼の言葉から始まって、数枚に及ぶ長めの感想と、最後に「すばらしいですね」と書いてくださっていました。

一面識もない地方の大学の教授が勝手に送りつけた本なのに、超多忙なはずの東大大学院の教授が、こんなに丁寧な手紙を書いて送ってくださった……。僕はそのことにいたく感謝し、家に帰ってから矢作先生宛に返事を書くことにしました。

ところが、いざパソコンに向かって返事を書こうとしたらまた涙があふれてきてしまって、何を書けばいいのかわからなかったので、もうこの際だから全部本当のことを書こうと決めました。

「新聞広告を見た時点で、まるで竹馬の友のように感じて、僕もここでがんばっているんだよとお知らせしたくて、とりあえず出したばかりの本をお贈りしただけだったのに、申し訳ありません」ということや、丁寧なお手紙をいただいて、僕が大泣きしてしまったこともそのまま書きました。

そして最後に、「何かのご縁を感じただけなので、お時間をちょうだいして誠に申し訳ありませんでした」との言葉を添えました。

そうしたら、それから3日後、今度は矢作先生から僕の大学に直接電話がかかってきたのです。

僕にとっては思いもよらなかったのですが、矢作先生は僕の本を読んで、僕が大腸がんの手術をしてから6年ほどたっていることを心配してくださり、「私がもっとも信頼している先生を紹介しますから」と言ってくださったのです。そして、当時広島で業捨をされていた先生のところに、わざわざ一緒に行ってくださったのです。

これが僕と矢作先生との出会いでした。

シリウスの魂だけが見えるのろし

矢作先生の代表作である『人は死なない』は、ベストセラーになったのでご存じの方も多いと思います。

この本は、救急医療に携わる現役（当時）の医師である矢作先生が、ご自身の不思議な体験を通して神様や霊魂の存在について率直なお考えを述べられています。この本によって、誰もが不死の魂であり、魂は永遠に生き続けるということを改めて認識した人も多かったのではないでしょうか。

矢作先生と僕との出会いも、今思うとまさにシリウスコードのなせる業という感じがしますが、僕がシリウスの宇宙艦隊の司令官で矢作先生が副官だったとわかったときには、最初に僕が大泣きした理由がわかって、すごく腑に落ちました。

それ以来、矢作先生は僕が頼んだことはすべてOKしてくれて、断られたことは一度もありませんが、魂の縁というのはそれだけ強い絆として残っているものなんだなと、改めて感じています。

そもそも、僕が司令官として、副官であった矢作先生をシリウスから地球に送り込んだときは、ちょうどエジプト王朝の頃だったのですが、それは矢作先生が軍人だったからです。

矢作先生の魂はたたき上げの軍人であって、当時から参謀としてみんなの尊敬を集めていました。なので、彼が地球に行くことによって、地球に残された3000人のシリウスの魂たちがすぐに反応してくれるだろうと思ったのです。

僕は司令官ではあるけれど、王家の出身で軍人ではありません。そこで、ニビルの残党種族からの攻撃に備えると同時に、地球で捕らえられてしまった部下たちの様子を見てきてもらうために、まず参謀である彼を地球に派遣したのです。

軍人なら上官の命令に従うのは当然ですが、それだけではなくて、矢作先生は寡黙で誠実、そして弱い者のために進んで身を投げ出すことができるご性格で、それは今もまったく変わりません。

だからこそ、副官である矢作先生に地球に行ってもらったわけですが、これはシリウスコードを体現する人物（魂）を地球に送り込む戦略で、地球にいる人たちにとっては「のろし」のような存在です。

いうまでもなく、のろしとは、仲間に向けて送る密かな合図、サインです。

僕が矢作先生の本の広告を見つけたときも、まるで戦場でのろしを発見したかのような感動と喜びがありました。まだ会ってもいない、まだ手紙を読んでもいないのに魂が打ち震えるような感動を覚えたのも、のろしという合図を確かに感じ取っていたということです。

絶望の中でも決して希望を見失わずに生きる

のろしといえば、昔、僕が見た映画で、とても印象に残っている作品があります。
それは、僕が中学生のときに学校の映画鑑賞会で観た『砂漠の冒険』という映画です。

8歳の少年ダーキーは、小児喘息の転地療養のため叔父の農園までセスナで移動中、叔父の心臓発作で無人の地に不時着し、愛犬のロリと荒野の真ん中に放り出されてしまいます。

捜索隊はダーキーの父親に対して、ダーキーを助けるために、水や食糧の見つけ方や道順などサバイバルの方法を書いたビラを、砂漠に大量にバラまくことをすすめたが、父親のアントンはその案を拒否して、「ダーキー、心から愛している、必ず見つける」という一文だけのビラをまくことを決めて、それを実行するのです。

この映画は、砂漠に放り出された孤独な少年にとって、親の「愛している」というメッセージがいかに重く、彼にとって生きる希望を与えてくれるかが描かれています。まさにその一枚のビラが少年にとって命を支える「のろし」だったことを示しています。

今、地球にいるシリウスの3000人にも、この映画と同じようなことがいえるのではないでしょうか。

絶望の中でも決して希望を見失わずに生きてゆく——。

そのために必要なのは、**「愛する存在があなたの魂の帰還を母星で心待ちにしている」と知り、信じること**です。

そしてその人たちが、あなたが自由な魂を取り戻すために、いつか必ず助けにきてくれる、見えないところであなたに手を差し伸べ、エールを送ってくれていることを知ってください。

シリウスの存在が上げているのろしを信じて、見つけ出すことです。

シリウス人がモデルとなった映画

映画の話が出たところで、もう1本、僕の大好きな映画をご紹介しましょう。

タイトルは『K-PAX 光の旅人』。僕はこの映画が大好きで、DVDまで買って部屋で定期的に観ているくらいです。大体のあらすじはこんな内容です。

ニューヨークの駅構内で不審な行動を見咎められ、警察に連行される謎の男プロート。彼は自らをはるか1000光年彼方の「K-PAX星」からやってきた異星人だと名乗り、そのために精神病院に送られます。

プロートの治療に当たるのは、精神科医のパウエル。はじめのうちは単なる妄想か虚言と高を括っていたパウエルでしたが、カウンセリングを進める中で、プロートの知能の高さや理路整然とした説明にかすかな疑問を抱き始めるのです。

パウエルは、プロートの正体をつかむために天文学者の友人に会わせたところ、プロートは学会でも謎とされている複数の恒星（連星）の周囲を運動する惑星の軌道をみごとに描いてみせ、この恒星系がK-PAXだと述べ、学者たちはその知識に驚嘆します。

はたして、プロートは本当に異星人なのか？

僕がこの映画が大好きな理由のひとつが、K-PAX星がシリウスを暗示しているからです。

映画の中で、主人公のプロートが複数の太陽（恒星）からなる連星系の軌道計算をするシーンがあります。実際には、複数の連星の軌道はあまりにも複雑過ぎるため、地球の天文学者たちではたとえスーパーコンピュータを使っても計算できません。プロートがその軌道を計算できるのは、彼自身がその星からきたためです。

ですが、**実はこの複数の恒星からなる惑星系こそが、シリウスなのです。**

本書のPart 1で、シリウスはシリウスAとシリウスBの2連星であるとご説明しましたが、それは以前の天文学で判明できていたことです。

本当はもうひとつ恒星があって、シリウスは3連星なのです。

このことは、ドゴン族の神話に基づいて書かれた『シリウス・ミステリー』（後述）の中でもくわしく述べられています。

『K-PAX 光の旅人』では、それをわかる人にはわかるように表現していて、あのシナリオはおそらくシリウス系の人が書いたものではないかと思います。

では、シリウスが3連星であることを示している証拠を見ていきましょう。

シリウス・ミステリーに迫る

シリウスが3連星であると示唆する証拠のひとつが、アフリカ・マリ共和国のドゴン族の神話で、この点に関してはイギリスの王立天文学会のフェローでもある、アメリカの著作家ロバート・テンプルという人が『The Sirius Mystery』という本を書きました。この本は日本では『知の起源――文明はシリウスから来た』（角川春樹事務所）というタイトルで邦訳されています。この本の中でドゴン族の神話についてくわしく解説しています。

ドゴン族の神話には、数千年前にノンモというシリウス星の宇宙人（知的生命体）が古代に地球を訪れ、文明と社会を構築したといういい伝えがあるのです。

テンプル氏によると、ドゴン族の神話（天文学）には、シリウスBの存在や、さらにシリウスCの存在までもが記されているそうです。

そして、それによると、シリウスの周囲をまわっている「ポ・トロ」という星は白色で、すべての星の中でもっとも小さく、サガラという非常に重い金属で構成されていることから宇宙で一番重いとされていて、これは白色矮星であるシリウスBの特徴とまったく一致しています。

当然のことながら、まだ望遠鏡などはない頃、ドゴン族はなぜかこのシリウスBの存在を知っていたわけですが、それだけではなく、ポ・トロ（シリウスB）の軌道は楕円形になっていることや50年でシリウスを1周すること、さらに太陽系の木星には4つの衛星があり、土星には輪が存在することなども知っていたのです。

しかも驚くべきことに、ドゴン族の神話では「エンメ・ヤ」と呼ばれているシリウスCの存在までもが登場していて、これはシリウスAの周囲をまわる第2の伴星ですが、この星についてはこれまでの天文学の常識では存在が否定されていました。

ところが、1995年にフランスの天文学者ベネストとデュバンによって、6年の周期を持つシリウスCが発見され、これによって、ドゴン族の神話（天文学）の正しさが実証されたのです（現在の主流の天文学者たちはこれを否定していますが）。

このように、ドゴン族のシリウス神話は、ロバート・テンプルによる著書で紹介されて以来、世界的に知られるようになったわけですが、さらに源流をたどると、フランスの人類学者マルセル・グリオールとジェルメイル・ディテルランが書いた『スーダンのシリウス・ミステリー』という論文があって、これはふたりが数年間ドゴン族と生活をともにする中で得られたものだそうです。

テンプル氏は、ドゴン族が伝承してきた神話について、ローマ神話やギリシャ神話、エジプト神話などとも照らし合わせながら検証を重ねた結果、古代の人びとは、シリウスから地球を訪れた知的生命体を「神」として捉え、神話の中に取り込んだのだろうと述べています。

ただ、それと同時に、惑星ニビルの残党種族たちも当時から「神」として君臨しており、さらに神話は長い歴史の中で時の権力者たちによって書き換えられたことで、地球人から見たシリウスの神々も人びとの記憶から徐々に消されていったと考えられます。

しかし、それでも、古代ミトラ教などではシリウス信仰が重んじられ、それが聖徳太子の時代に日本にも入ってきていたのは確かですし、さらにドゴン族の神話では「ノンモは帰ってくる」とされていて、その意味では、まさに「今」がそのときなのです。

実は、伯家神道の巫女様から**「宇宙艦隊司令部はシリウスBの周回軌道上にある」**と聞いていて、巫女様も、この世から旅立たれた後はシリウスBに行かれるとのことでした。

つまり、シリウスコードは決して破壊されてはおらず、地球にいるシリウスの人たちが希望を失う必要はないのです。

美しい生き方をしていさえすれば、きっと同郷の魂の仲間たちとも出会うでしょうし、そして、魂のふるさとに帰還できる日が必ずやってくるはずです。

ですから、それまでどうか希望を見失わず、あなたにとってのシリウスコード、魂ののろしを、決して見逃さないようにしてください。

Part 6

高次元の魂よ、アンドロメダ直結モードをオンにせよ！

「最初の人びと」のルーツ

魂のままシリウスからはじめて地球にやってきた人びと。

ニビルの残党種族に捕らえられ、彼らに洗脳されて記憶を消され、魂がシリウスに帰還できないように肉体へ収容される。

地球に張られたバリアによって、地球上で何度も地球人としての転生を余儀なくされてしまい、その結果、自分の本体・本質が魂であることを忘れ、魂が還るべき星はシリウスであることも忘れ去ってしまった……。

この話がどこか他人事と思えないようなら、あなたもそのシリウスからやってきた3000人の中のひとりかもしれません。

前述したように、地球は流刑地としてさまざまな星の犯罪者や反体制派の宇宙人が送り込まれてきた惑星です。

シリウスからきた魂たちもニビルの残党種族によってその中に組み込まれてしま

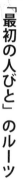

い、今は同じ地球人として魂の家畜化状態に置かれていますが、本来、宇宙由来の魂たちは他の地球人とは異なります。

ニビル系の宇宙人や地球由来の魂（文字どおりの地球人）と、シリウス系の3000人のもっとも大きな違いは、魂が高次元とつながっているかどうかです。

シリウスから地球にやってきた魂たちのルーツは、アンドロメダ星雲の高次元存在です。

高次元のアンドロメダから、シリウスを前哨基地として地球の調査のためにやってきたわけですから、地球にいるシリウスの魂たちは、今でもちゃんと高次元のアンドロメダにつながっているのです。

一方、ニビル系の宇宙人（レプタリアン）は高次元とはつながってはおらず、あくまで3次元レベルで地球人を洗脳し、支配・コントロールしています。

彼らの悪だくみから宇宙由来の魂たちを解放しようとサポートしているのが、アンドロメダをはじめ、プレアデスやべガ、アルクトゥールスなどの高次元存在です。

高次元存在（高次の魂）からすると、地球に捕らわれてしまった宇宙人由来の魂たちの状態がわかるからこそ、その人たちをニビル（レプタリアン）による家畜化から解き放つためにいろいろな形で手を差し伸べている、つまり、**高次元存在による地球の奴隷解放運動が起きているのが今なのです。**

近年、世界を支配してきたディープ・ステイトやグローバル・エリートと呼ばれる権力者たちの陰謀が徐々にあらわになってきています。それもおそらく、高次元存在（善い宇宙人）たちが、宇宙人由来の魂たちに真実を知らせることによって、陰の権力者たちの背後にいる悪い宇宙人をあぶりだし、彼らの支配下から脱するための機会を与えているのでしょう。

そこで、シリウスの宇宙艦隊司令官としての僕の役目は、シリウスから地球に送り込んだ3000人の部下の魂の記憶を呼び覚まして自由を取り戻し、彼らを高次元の母星に帰還させることです。

しかし、そのためには、あくまで本人、つまり3000人の一人ひとりが、自分はアンドロメダ星雲やシリウスからきた高次元の存在、宇宙人由来の魂である、という自覚を持たなくてはなりません。

とはいうものの、これはいくら頭に知識を詰め込んでもかなうことではない、そこが問題なのです。

人が高次な存在である証拠

高次元というのは、神様・完全調和の側の世界なので、そこと一体化するには３次元の常識を超えるような気づきを得ることが必要です。それは、死と直面したりするなど、自我を手放さざるを得ないような強烈な体験で得られることがあります。

それくらい強烈でなければ、「自分は魂そのものである」という自覚は持てません。

僕はこれまで「どうしたら自分が高次元の存在だと知ることができるか」についていろいろな方法をお伝えしてきました。

ですが、つい最近、ある人との出会いで、とてもいいヒントを教えてもらうことができました。

その人物とは、ＵＦＯマニアなら知らない人はいない、あの矢追純一さんです。

矢追さんは約24年半にもわたって放送されていた、深夜のテレビ番組『11ＰＭ』や、一世を風靡したテレビ番組『木曜スペシャル』の名物ディレクターとして活躍されました。そこでＵＦＯ、超能力、超常現象をテーマにした話題作を数多く世に送り出した方で、テレビ界におけるこの分野の第一人者です。

僕は矢追さんのことを密かに「ぜひとも会ってみたい人リスト」に入れていました。

その僕の願いがかなうことになったのは、２０２２年１月に開催された「開星塾ＡＤＶＡＮＣＥ　特別対談ｖｏｌ・３　高野誠鮮×矢追純一」のイベントに参加したのがきっかけです。

おふたりの対談を聞いていた僕は、「僕が考えていることと矢追さんが考えていることは同じだ」と共感し、それがきっかけとなって、なんとそれからわずか４ヶ月後、僕のネット番組『月刊保江邦夫』で矢追さんとの対談が実現したのです（２０２２年５月１日）。


ＵＦＯマニアの僕にとって矢追さんはまさに神様のような存在ですが、その夢がかなっただけでなく、しかも対談本まで出すことになりました。

いよいよ２０２２年は宇宙人について話そうと思っていたら、はからずも矢追さんとのコラボが実現したのも驚きですが、僕は矢追さんとお会いして、宇宙人の話よりも矢追さんの生い立ちについて聞けたことでとても感銘を受けました。

矢追さんは満州からの引き上げ組で、日本に帰る際に肉親を亡くされた経験をお持ちです。さらに、子どもの頃に川で流されたことがあって、自分も死にそうなときに目の前で大人が溺れて死んだのを見て、そこからすべての欲がなくなったそうです。

死と直面したことで、自我・我欲が消えて無欲・無心の境地に至る――僕は矢追さんの話を聞いていて、人は人の死に触れることでそのような境地になるんだなと気がついたのです。

そして、実はそのときに、矢追さんが「人間は3次元を超える高次元の存在であることの証拠」について話され、そこでもふたりの意見が一致しました。

そもそも、どんな存在も、自分のいる次元を認識し、理解することはできないはずなのです。

例を挙げましょう。画用紙に花と、その花を見ている少女のイラストを描いたとします。そして、そのイラストの少女が〝生きている〟と仮定してください。

僕らから見ると、その少女は2次元で生きているし、もし2次元の世界で花が風に揺れていればそれも認識できます。

ですが、その少女は見ているものを「花」と認識することができるでしょうか?

おそらく、その少女から見た花は「線」でしかないはずです。

もし、その少女に「あなたは何次元の世界で生きていますか?」と尋ねたら「1次元です」と答えます。

つまり、自分がいる次元を感覚的に認識することは不可能だということです。

同じことが、僕らにもいえます。

人間は3次元を認識できているのだから、実際はもっと高次元の存在に違いないのです。

矢追さんはこうおっしゃいました。

「もともと人間が高次元の存在だから、3次元の世界を(2次元ではなく)3次元として立体的に認識できている。この事実が、そのまま私たちが高次元の存在だということを証明しているんだよ」

彼は高校のときからそう思っていたそうですが、僕はその話を聞いて「そんなことを言ったのは、矢追さんが世界ではじめてですよ！」と驚きと同時にその考えに賛同し、賛辞を送りました。

もし私たちがただの3次元世界の存在であったならば、2次元しか認識できないはず。

ところが、ちゃんと3次元として立体的に認識できているということは、私たちの本体（本質）が3次元よりもより高次元の存在だからです。それが魂や霊体などと呼ばれているものです。

言いかえれば、肉体（脳）が高次元（魂）につながっているからこそ、3次元の現象をちゃんと3次元的に認識でき、世の中の出来事も俯瞰して理解できるということです。

したがって、「脳一元論（唯脳論）」などの人間を機械として捉える唯物論的な考えは、まさに2次元的な理解に過ぎません。

さらに言うと、高次元とつながっている人と、そうでない人がいることも説明がつきます。高次元とつながっている人は、高次元的（あの世的）な視点で3次元世界（この世）を正しく認識していて、高次元とつながっていない人はこの世的な視点からしか見えないために、２次元（平面）的な認知・認識になってしまうということです。

この両者の違いが一番わかりやすいのが、車の運転です。

これは、毎週八ヶ岳《やつがたけ》に登って山頂で瞑想をしているという瞑想の達人から教えてもらったことでもありますが、その人が言うには、**座禅や瞑想をしなくてももっと簡単に高次元とつながる方法があって、それは車の運転だ**というのです。

それなら僕もよく経験しているので、すごく納得できました。

仮に、高次元とつながっている人や状態を「高次元モード」とし、つながっていない人や状態を「２次元モード」としましょう。

そうすると、高次元モードの人は、車の運転がとても上手で、高次元とつながった状態をいつまでもキープしたくなるので、必然的に運転が大好きになります。

反対に、２次元モードの人は、ハンドルを持つだけでガチガチに緊張して、平面でしか認識できないので事故を起こしやすく、必然的に運転が下手で嫌いになります。

このように、高次元モードになるというのは、高次元の目、視点を持つということです。

そうすると、何事に対しても平面ではなく、奥行きを持ってその背後にあるものまでちゃんと見通すことができるのです。

反対に、2次元モードになると、近視眼的なものの見方、考え方になりやすくなります。さらに、デジタル化や5Gの普及が進めば進むほどその傾向は強くなるため、意識のベクトルが高次元とは真逆の方向、つまり低次元に向かってしまうのです。

車の運転こそ高次元モードの状態である

車の運転中は、高次元モードになりやすい。

今思うと、僕がドイツのアウトバーンで運転中、シュレーディンガー方程式を導く方程式（のちにヤスエ方程式と呼ばれる）がふっと脳裏に浮かんだのも、まさにそのことを示しています。

僕は普段から運転が大好きで、他にも運転中に何度も不思議な体験をしてきました。

そこで、高次元モードになっていたときのエピソードをふたつほどお話ししたいと思います。

ひとつ目は、わりとよくあることですが、僕は運転するときはかなりスピードを出すのです。それでも事故を起こすことはなく、渋滞していたりすると前の車の間をスイスイ追い抜いていく癖があります。

僕にとっては2台目となる、Ｓクラスのメルセデスベンツに乗っていた頃、所用で名古屋の秘書を乗せて九州から京都まで高速道路を走っていました。

途中、片側3、4車線のところがあり、僕がいつものスピードで中央車線を走っていたら、前の車がゆっくり走っていたので、右側の車線に出て追い越そうとしたのですが、追い越し車線には2、3台トラックが連なっていて入ることができません。

そこで、いったん左端の車線まで移動したのですが、そしたらまたそこに遅い車がいたので、また中央車線に戻ってチラッと右を見たら、追い越し車線を走っていたトラックとトラックの間にわずかな隙間ができていたので、「よし、この幅ならいけるな」と思ってすぐにハンドルを右に切ってその間に入り込みました。

そんなジグザグ運転を続けながら、途中休憩を取るためにサービスエリアに立ち寄りました。すると、助手席にいた秘書の女性が車を降りたとたん、「先生、もうやめてください、命がいくらあっても足りません！」と興奮気味に僕に注意をしてきたのです。

でも、僕にしてみたらいつもどおりの運転なので、「いやいや、あんなのはね……」と言い訳をしようと思ったら、ふっとそのときのシーンが脳裏に浮かびました。

実はその間、**僕は自分の車を上から見ていて、トラックとトラックの間隔も、横からではなく、上からの視点でちゃんと隙間の幅を正確に認識していた**ことに気づいたのです。

つまり、無意識に高次元とつながって「上からの視点」に切り替わり、すべてが俯瞰的に見えていた。だから、他の人から見たらまったく無謀な運転でも、僕には周囲の細かな状況までもが正確に認識できていたために、わずかな隙間でも難なくすり抜けるようにして走れたわけです。

これまでいくらスピードを出していても事故にあわなかったのは、運転中は高次元モードになっているからで、そうでなければ、常に緊張した状態で視野も狭くなって、いつ事故を起こしてもおかしくないはずです。

おそらく、Ｆ１ドライバーもそれと同じで、時速３００キロで走っていても、前後の車のタイヤの距離が30センチもないのにお互いにぶつからずに走っていられるのは、彼らの意識が高次元モードになってゆとりが生まれているからでしょう。

そもそも、3次元の中で移動するには、瞬時に全体の状況を把握できるような高次元の視点を持たないかぎり、ムリなのです。

運転中にもたらされる重要な情報

もうひとつの運転中の不思議な体験は、娘夫婦たちと一緒に僕の車で四国に1泊2日の旅行をしたときの話です。

高知で1泊して、岡山に帰る日のこと、途中で寄った剣山《つるぎさん》の駐車場で帰りのルートをカーナビにセットしたら、左方向に行く指示が出ました。

ところが、なぜか僕の腕が右にハンドルを切り始め、それを見た娘が慌てて「左だよ」と言い、僕も頭では左とわかっているはずなのに、体が右に向かおうとするので「まぁ、いいか、何かあるのかも……」と思ってそのまま右方向に進んでいきました。

国道438号線を徳島方面に向かって走っていると、普通の道路標識ではない「コリトリ」という文字が書かれた表示板を見つけました。「なんだろう……」と気にしていたら、そのうちにまた「コリトリ○km」と書かれた表示板が出てきました。それが約500メートル間隔で必ず立っているのです。

娘も「なーに？　コリトリって」と言い出しました。

僕もそのときはじめて見た言葉だったのですが、その表示板は新しくて、道も整備されていたので、「こんなに何度も同じ表示が出てるんだから、駐車場ぐらいあるだろうから、そこでUターンして帰ろう」と言って、コリトリという表示板を頼りに山道をどんどん進んでいきました。

すると、山間の奥まった場所に車が2、3台停められるスペースがあったので、そこに車を停めてまわりを見渡してみたら、公衆トイレと自然木の看板が目に入り、その木の二枚看板の上には「剣山一の森　富士の池登山口」、その下に「垢離取　コリトリ」と書かれていました。

「なんや、コリトリって剣山登山道の入口やったんや」と、そこでやっと謎が解け、駐車場でUターンすることに。

カーナビを設定し直したら、徳島道（高速）を通って岡山に向かうコースが出たので、今度はちゃんとカーナビに従って走ることにしました。

ところが、途中、思った以上に時間がかかり、琴平の近くで夕暮れになってしまいました。そのあたりは少林寺の関係で僕の土地勘のある地域だったこともあって、「もう今日はここで泊まっていこう」と、僕が知っていたビジネスホテルでもう1泊することになりました。

みんなで夕食をすませた後、僕は自分の部屋で入浴をすませ、寝る前に暇だったのでたまたま今回の旅行で買った本を取り出しました。

その本というのは、前日入った剣山の土産物屋で、娘婿が「お義父さんが好きそうな本がありますよ」と僕に見せた、古代ユダヤに関する本でした。正直、僕はさほど関心はなかったのですが、義理の息子から声をかけられ、せっかくなので1冊買ってみたのです。

普通なら読まないところ、暇ができたので何げなくその本をパラパラとめくっていたら、そこにさっき立ち寄った「コリトリ」のことが書いてあったのです。

その本によると「コリトリ」にはふたつの説があるそうです。

ひとつは「古里鳥《コリトリ》」説で、鳥は鳥居で入口を表し、「古里《ふるさと》への入口」。

そしてもうひとつの説は、「垢離取《コリトリ》」説で、垢離とは水をかぶって垢を落とす場、つまり神仏に祈念・祈願する場所で、今も登山道のすぐ先に水垢離場（行場）があるようです。

また、その本によると、在日イスラエル大使は、大使に就任するとまず天皇に謁見して信任状を手渡していただき、次に日本の内閣総理大臣に挨拶をしに行くのですが、その前に剣山を詣でなくてはいけない、などと書かれていました。

剣山にはソロモンの秘宝伝説があり、今でも多くのユダヤ人が現地を訪れているそうですが、それは「消えたイスラエル十支族」が淡路島に到着し、しばらく定着してから四国に入り、吉野川から剣山に登って頂上部に秘宝（アーク）を隠した、とされているからです。

つまり、**剣山はユダヤ人にとって聖なる山であり、その入口が「コリトリ」だった**わけです。

この話は拙著『語ることが許されない　封じられた日本史』（ビオ・マガジン）でもくわしくご紹介しています。気になる方はぜひそちらもご参照ください。

この古代イスラエルから渡来した十支族の人びとが、コリトリから剣山に登ったとすると、僕はまさに高次元モードに導かれる形で、その聖なる場所に引き寄せられたということになるのではないでしょうか。

運転で高次元とつながれる理由

今挙げたエピソード以外にも、運転中にふっと何かがひらめいたり、体が勝手に急ハンドルを切ったり、何も問題ないはずなのにナビが狂ってしまって、そのおかげで思ってもみなかったすごい体験ができたり、などということは僕にとってはめずらしくありません。

このことについて、以前はなんとも思っていなかったのですが、改めて考えてみると、車の運転はすごく簡単に高次元とつながることができる方法だと思います。

瞑想などを、好きでもないのに義務感からやっているくらいであれば、車の運転のほうをおすすめしたいです。

では、なぜそうなるのかというと、**運転中は「右脳モード」になっているから**です。

左脳は主に思考・論理・分析などのデジタル機能を司り、右脳は直感・感性・創造などのアナログ機能を司ります。実はそれだけでなく、瞬時に全体の状況やパターンを認知したり、見えない世界とつながったりするのも右脳の働きだということをご存じでしょうか。

その右脳の働きにいち早く着目し、右脳を鍛えることによって子どもたちの潜在能力を伸ばす独自のメソッドを開発した七田眞《しちだまこと》さん（故人）は、右脳教育は潜在能力を引き出すだけでなく、魂を磨く心の教育であるとも述べています。

実際に、お母さん方が「競う」というものさしでなく、心から楽しんで七田式の教育を行うことによって、天才的な能力を発揮する子どもたちを多数輩出しているそうですが、これはまさに、右脳モードは高次元とつながる入口、スイッチだということです。

その右脳と高次元のつながりを示唆する事例のひとつとして、ジル・ボルト・テイラー博士が書かれた『奇跡の脳』（新潮文庫）という本があります。

ハーバード大学で脳神経科学の専門家として活躍していたテイラー博士は、37歳のある日、脳卒中に襲われ、言語中枢や運動感覚などに大きな障害を負います。

その結果、一度は左脳の機能がすべて失われますが、右脳だけでなんとか生き延び、その後、奇跡的に復活するのです。テイラー博士自身がそのときの体験をふり返ってまとめたのが『奇跡の脳』です。

左脳の機能がすべてストップしていたとき、いったい彼女はどのような状態だったかというと、自分のまわりにあった境界線がなくなり、宇宙との一体感、静かで平和で解放された幸福感、過去も未来もなく「今、ここ」の感覚、そういったものを全身で感じたそうです。

つまり、**私たちが左脳から解き放たれたとき、すべてのストレスから解放され、平穏な幸福感に満たされ、悟りのような境地に入るということ**です。

これが右脳モード全開の状態で、それだけ未知の可能性を開いてくれるのが右脳の働きなのです。

一方、左脳は「優位脳」とされていますが、これは言語能力や論理的思考が右脳の非言語領域よりもすぐれているかのように錯覚しているか、あるいは意図的にそう仕組まれているかのどちらかです。

これは「どちらが良い・悪い」という話ではなくて、いうなれば高次元と3次元の違いです。

要するに、右脳モードのときは高次元とつながっていて、左脳モードのときは自我意識（我欲）に支配されやすい、ということです。

たとえば、ＡＩ（人工知能）にはできない思いもよらないひらめきや、自由な発想から生まれる想像や創造も、すべて右脳モードのなせる業。これは何事も分離したがる左脳に対して、右脳は一見つながりのなさそうなものの中に、見えない（言語化できない）つながりを見出すことができるからです。

もうおわかりのように、シリウスの魂を持つ人たちが、自分の本体が魂であるとの確信を得るには、高次元とのつながりを取り戻すことが重要であり、そのためには**できるだけ右脳を活性化しておく必要がある**ということです。

これまで、魂の仲間とのつながりをシリウスコード、高次元とのつながりを高次元モードや右脳モードなどと表現してきましたが、全部ひっくるめていえば「アンドロメダ意識（モード）」と表現してもよいかもしれません。

地球人としての自我意識が「私」なのではなく、本当の私は、アンドロメダ―シリウスという高次元・宇宙由来の魂そのものだからです。

したがって、肉体を持ちながらも、いかにアンドロメダ意識のスイッチをオンにしていられるかが大事で、そのための秘訣が、常に右脳モードをオンにしておくことで、それがアンドロメダ直結モードをオンにするための必要条件です。

なので、車の運転以外にも、できるだけリラックスしたりボーっとしたり時間を設けること、また好きな音楽やアートに触れる、好きな映画やアニメを観る、無邪気な子どもや動物などと触れ合う、またなんでもいいので、自分にとって無我夢中になれることをやり続けることが大事です。

神道では「中今」といいますが、中今というのは「夢中」になることで、そのような状態のときには自我意識がオフになって、アンドロメダモードになりやすいのです。

アンドロメダモードのスイッチを入れる

僕の場合は、若い頃から合気道をやってきたこともあって、僕の道場で門人たちに

「愛魂《あいき》」を指導しているときも、そのような意識状態になっているようです。

本来、合気というのは、自我意識から離れて相手を愛で包み込む技だからです。

実際、僕がやっている「愛魂」という技法は、愛が大きく広がるにつれて意識では動かそうと思っていない方向に相手の身体が自然に反応して、その結果、相手が心の底から笑い出して幸福感に包まれます。

相手を活かすことから「活人術」とも呼んでいますが、この活人術を攻撃してくる相手（敵）に用いれば相手の戦意が喪失するので無敵の護身武術となります。

これはまさに「汝の敵を愛せよ」というキリストの教えを具現するものです。

この技を使うと、攻撃してくる相手も攻撃をやめて倒れ込むという、こちらが意図しない動きをするだけでなく、ムダな攻撃をしかけたことに対して改心することもめずらしくありません。

以前、極真空手の黒帯を持つ男性が、僕の道場にやってきたことがあります。

彼は合気道の創始者である植芝盛平《うえしばもりへい》先生というすごい武道の達人がいたことを知っていて、合気道とはどんな武道か気になっていたそうです。すると、夢にイエス・キリストが現れて「合気を教えてやろう」と言われ、その後、書店で僕の『合気開眼』（海鳴社）を見つけたそうなのです。

彼に「お手合わせを願いたい」と言われたので、スパーリング（試合）をしたのですが、彼がくり出す突きや蹴りは、僕からすると「ほんまに極真の黒帯か？」と思うくらいものすごくゆっくりに感じられ、不思議な感覚になりました。

そして、「愛魂」の極意をわからせてあげようと、2本の指だけで彼の攻撃をスッと止めてみせたのです。

すると彼は驚いた表情で止まったので、僕は軽く彼の右膝に触れました。次の瞬間、彼はその場で180度ひっくり返って、彼の頭皮から汗がバァーッと飛び散ったのです。

その空手家はいったい何が起きたのかわからなかったようで、キツネにつままれたような表情をしていました。

今思うと、そのとき僕は完全にアンドロメダ直結モードに入っていたのだと思いますが、そのような状態のときには磁場が変わるというか、相転移が起きて愛一元の特別な空間になるのです。

とはいえ、その頃はまだアンドロメダモードという認識はなかったので、彼が「もう1本お願いします」と立ち上がってきたとき、僕は思わず「もうしゃあないなぁ」という気持ちでうっかり自我モードに切り替えて対峙しました。

そうしたら、今度は彼の攻撃が目にも留まらぬ速さで、一瞬の間にボコボコにされて、気づいたら今度は僕のほうがうずくまっていたのです。

彼は僕が手を抜いたと思ったらしく、怒ってきたので、また愛魂＝アンドロメダモードに切り替えて対戦したところ、彼の攻撃がゆっくりに見えて、僕の指1本で彼はいとも簡単にひっくり返ってしまいました。

そんな対戦をしたことで、その空手家は「入門させてください」と言ってくれて、僕も「喜んで」と応じ、終わってから祝杯を挙げました。

そのとき、彼が「不思議だけどいくら投げ倒されても悔しくないし、それどころかうれしかった」と言ってくれたのです。

これはまさに、愛魂という技がアンドロメダモードのスイッチになっていたからだと思います。

植芝盛平先生が見た「光のつぶて」

僕の道場ではこうしたことは決してめずらしいことではありませんが、合気道の創始者である植芝盛平《うえしばもりへい》先生はもっとすごい経験をなさっています。

植芝先生が合気に開眼されたのは、大本の教祖・出口王仁三郎《でぐちおにさぶろう》に随伴して満蒙に渡った頃です。

当地で死線を超える体験をとおして霊感を研ぎ澄ましていた植芝先生は、1925(大正14)年に突如大地が鳴動し、黄金の光に全身が包まれ宇宙と一体化するという「黄金体体験」をされて心眼を開かれました。そして、ついに「武道の根源は神の愛である」と悟られたのです。

植芝先生42歳のときで、真の合気道はこのときをもって出発したといわれますが、ひとつだけ当時の有名なエピソードをご紹介しておきます。

満州の張作霖《ちょうさくりん》配下の馬賊《ばぞく》に盧占魁《ろせんかい》という武将がいました。彼の率いる軍とともに、植芝先生はモンゴルへ向かっていました。ところがその道中、盧の独走を疑った張の策謀によって、植芝先生たちは馬賊の襲撃にあったのです。

このときの馬賊との銃撃戦で、敵が撃った弾を植芝先生は避けることができました。植芝先生によると、自分のほうに「光のつぶて」が飛んでくるのが見えたそうです。その「光のつぶて」を避けたら、その後に弾が飛んできたので当たらずにすんだというのです。

さらに、弟子の塩田《しおた》剛三《ごうぞう》先生の証言によると、植芝先生が日本に帰国してから、道場の稽古を見にきていた陸軍の検査官たちの前で、「わしには鉄砲は当たらんのや」と豪語したために、なんと本当に小銃の弾を避けられるかどうかの実験をさせられたそうです。

あらかじめ誓約書を書かされてから、植芝先生が射撃場の的の位置に立ち、向かい側に7人の射撃手（軍人）が小銃を構える、そして25メートル離れたところから「1、2、3」で7つの銃口が一斉に火を吹きます。

硝煙と砂ぼこりがモウモウと立ち込めたと思った次の瞬間、6人のうちのひとりが宙に舞って倒れ、植芝先生はいつの間にか6人の後ろに立って、ニコニコ笑っていたというではありませんか。

つまり、同時に7つの銃弾が飛んだ次の瞬間に、25メートルもの距離を一瞬で移動し、射撃手のひとりを投げ飛ばしていたということです。

しかも、この実験は2回行われたものの、2回とも同じ結果で、植芝先生の体にはかすり傷ひとつなかったそうで、まさに超人的な「神業」です。

これを作り話と思う人もいるかもしれませんが、植芝先生が瞬間移動を行った証拠として、そのときに「なぜ砂ぼこりが舞い上がったのか？」について物理的にちゃんと説明できます。

ある物体が瞬間的に移動すると、その物体が占有していた空間は真空になり、そうすると、そこに空気が音速を超える速さで移動して乱流が起きる、だから、当然、そこで砂ぼこりが舞い上がったと考えられ、それ以外には起こりえません。

出口王仁三郎や植芝先生のような達人は、普段から神様の世界、高次元とつながっていました。だから、神業や超能力としか思えない現象が実際によく起きたようです。

僕たちもアンドロメダ直結モードになれば、超能力が開花したり、超常現象が起きたりすることも、決してありえないことではないのです。

魂を輝かせ、地球上のバリアとこの世の制約を外す

もちろん、誰もが驚くような奇跡的な現象が頻繁に起きなくても、普段から右脳モードで生活していると、かつての日本の縄文時代や江戸時代のように魂本位の美しい生き方になってきます。誰もが本当の自分の良さをいきいきと発揮しながら、自由で平和な暮らしを楽しむことができるはずです。

とりわけ、鎖国状態にあった江戸の元禄時代は、天皇という精神的権威と、幕府という世俗的権力がバランスよく棲み分けられていて、「宵越しの銭はもたない」という義理と人情の豊かな町人文化が育まれました。

そして、士・農・工・商、それぞれ職業・役割は違えども、誰もが自然とともに、天が創った一物として同じ実の道（天道）を歩んでいたのです。

要するに、普通の人たちが高次元とつながり合う、美しい生き方をしていたのです。

伝統芸能のひとつである浄瑠璃文楽にしても、職人たちが人形に魂を吹き込んだからこそ、幽玄の世界をみごとに表現することができたのでしょう。

そんなふうに、かつての日本人は、米づくりにしても、ものづくりにしても、あらゆるものに心（魂）を込めることが当たり前のようにできていたのです。

ちなみに、「受」と「愛」の違いは、「受」の「爫」と「又」は手、「冖」は舟（器）、単に手から手に受け渡すという意味なのに対して、そこに「心」を込めて相手に手渡すのが「愛」という字になるのだそうです。

そんなふうに心豊かに生きていた江戸時代の人たちに比べて、現代人が幸せを感じにくいのは、それこそ「魂の牢獄」にとらわれている証拠です。

財力や特別な能力、さらには、どこかのえらい人が教えてくれる知識や技術をたくさん身につけないと幸せにはなれない、まして悟ることなんてできない……、そんなことは思い込みです。

一部の物欲的な権力者が、庶民を家畜化して思うままに支配・コントロールするような、今の冷たいデジタル社会に翻弄される必要はありません。

一人ひとりが魂を輝かせ、そしてみんなが安らぐことのできる温かい愛魂社会で生きればいいのです。

そんな中村雅俊の『ふれあい』を地でいくようなアナログ的な美しい生き方が、あなたの中にある高次元と直結するアンドロメダモードをオンにしてくれるはずです。

それは、あなたの本体は魂そのものだからです。

あなたは神様であり、あの人も、この人も、みんな神様、だから、僕は「人を見たら神様と思いましょう」と言ってきました。

もし、あなたが心の底からそう思えないのであれば、まさに魂の記憶喪失状態に陥っているからです。そんなときは、一度、思いきって雑多な情報から離れ、デジタル断捨離をしましょう。

あなたの好きなことだけに夢中になってみるのもいいかもしれません。

そんな柔らかアタマに神様が舞い降りる！

自我を揺さぶり、手放せるような体験をとおして、あなたの中にある魂の光（霊性・神性）を取り戻す。

そして、その魂の光を自ら輝かせていくことが、地球上のバリアとこの世のあらゆる制約を外して、あなたの魂のふるさとである高次元に還るための共振（脱出）装置になります。

そのためにも、どうかぜひ魂の復活を成し遂げていただきたい！

そして、僕はこれから、アンドロメダ直結モードの本物の超能力を持つ人たちとともに、ニビルの残党勢力から地球と宇宙人由来の魂たちを守るための、最強な愛の「地球防衛軍」を創設するつもりです。

おわりに　愛のあるところが故郷

ここまで読んでいただき、ありがとうございました。

多くの人に宇宙の記憶がよみがえりつつあると聞きます。特に日本人は、宇宙人由来の魂が多く、中でもアンドロメダ星雲─シリウス系の魂たちが集まっています。

地球での生きづらさを感じていればいるほど、故郷への帰還を願う気持ちが強くなるかもしれません。同時に、本当に還れるかどうか、という不安もあることでしょう。

ですが、あまりそのこと自体に悩まなくても大丈夫です。あなたに還る意思があればそれで十分ということなのです。

あなたが還りたければ還れるし、残りたければ残れる。自由意思であなたの気持ちがいいようにすればそれでオッケーです。

本書は、この地球に閉じ込められた3000人の「最初の人びと」を帰還させることを目的としています。それはそうなのですが、「愛のあるところが故郷」ということをどうか忘れないでください。

どこから来たのか、どこへ行くのか。それは愛があるところはどこなのか、ということ。還ること自体に執着して、今生を楽しめないのはもったいない。僕はそう思います。

なぜなら、僕は今生ひとつとっても、この地球を十分楽しめました。それ以前だって、きっと楽しんでいたはずだと確信しています。

新時代となり、スピリチュアルな覚醒を促す周囲の声も、大きくなっていることでしょう。それに没頭するのも自由ですが、あなたがつらいままでは意味がありません。どんな心持ちで生きたとしても、素領域の外にある完全調和の世界に移れば、地球での今生はそれで終わります。

だったら、楽しく生きたほうがずっといい。

気持ちを上手に切り替えて、ぜひ自分なりの楽しみを見つけてください。

そして、故郷へ還った暁には、「地球もなかなか楽しかったよ」と、みやげ話をたくさんしましょう。

最後になりましたが、今回、イントロダクションでマンガを制作してくださった山下信乃先生に心より御礼申し上げます。「最初の人びと」に関わる重要なポイントを抑えつつ、読み応えあるすばらしいマンガに仕上げてくださいました。そして、編集者の有園智美さんには、いつもどおりのすばらしい編集で本書を光輝くものにしていただけました。ありがとうございました。

また、出版にあたり編集協力してくださった小笠原英晃さん、ビオ・マガジンの西宏祐社長に心より御礼申し上げます。

最後まで読んでいただき、ありがとうございました。

保江 邦夫（やすえくにお）

理学博士。岡山市生まれ。

UFOの操縦を夢見る宇宙少年は東北大学で天文学を、京都大学大学院、名古屋大学大学院で理論物理学を学ぶ。その後、ジュネーブ大学理論物理学科講師、東芝総合研究所研究員を経て、1982年よりノートルダム清心女子大学教授、2017年より同名誉教授。

さらに、キリスト伝来の活人術である冠光寺眞法を主宰、各地の道場にて指導にあたる。

著書は物理学関連書のほか、『人生に愛と奇跡をもたらす 神様の覗き穴』『願いをかなえる「縄文ゲート」の開き方』『語ることが許されない 封じられた日本史』（ビオ・マガジン）、『僕が神様に愛されることを厭わなくなったワケ』（青林堂）、『祈りが護る國 アラヒトガミの霊力をふたたび』（明窓出版）、『ついに、愛の宇宙方程式が解けました』（徳間書店）、『伯家神道の祝之神事を授かった僕がなぜ』（ヒカルランド）など多数。

星辰館 保江邦夫公式ウェブサイト https://yasuekunio.com

最初の人びと

人類は宇宙からきて、そして還《かえ》れなくなった

2023年 2 月24日　第一版　第一刷
2023年12月12日　　　　　第三刷

著　　　者　保江 邦夫

発　行　人　西 宏祐
発　行　所　株式会社ビオ・マガジン
〒141-0031　東京都品川区西五反田8-11-21
五反田TRビル1F
TEL:03-5436-9204　FAX:03-5436-9209
https://www.biomagazine.jp/

マ　ン　ガ　山下 信乃
編　　　集　有園 智美
編 集 協 力　小笠原 英晃
校　　　正　株式会社 ぷれす
デザイン・DTP　前原 美奈子
印 刷・製 本　株式会社シナノパブリッシングプレス

ISBN978-4-86588-128-8 C0011